L e a d e r s h i p

지도성 관점에서 본

예수의 리더십

김재덕

박영story

| 머리말 |

4차 산업혁명시대가 빠르게 다가오고 있다. 이러한 시대에서 조직 리더의 역할의 중요성은 아무리 강조해도 지나치지 않다. 그 이유는 한 조직의 리더가 어떻게 영향력을 발휘하느냐에 따라 그 조직에 속한 추종자들의 운명이 좌우될 수 있기 때문이다. 최근에 발생한 우리 대한민국의 정치 상황을 통해서, 우리는 국가의 현재와 미래가 리더들이 어떻게 하느냐에 따라 대한민국의 운명이 결정된다는 것을 뼈저리게 경험하였다.

이러한 측면에서 본서는 신약성서에 나타난 예수의 가르침들이 무엇인지 학문적으로 분석함으로써, 복잡한 이 시대를 살아가는 현재 리더들에게 신선한 리더십 파워를 제시할 목적으로 쓰였다. 기존 리더십의 한계를 극복하는 새로운 대안적인 리더십으로써 그 의미가 있다. 따라서 이 책은 신약성서에서 예수가 제시하는 건설적이고, 인간적이고, 변혁적이며 그리고 도덕적 공감이 넘치는 리더십을 찾아내서 리더가 어떤 리더십을 발휘해야 하는가에 초점을 두고 기술하였다.

리더십을 연구하고 있는 필자가 이 책을 쓰게 된 동기는 기존 리더십과는 달리 예수의 가르침이 리더들에게 조직을 이끄는 데 필요한 현명한 리더십을 제시하고 있다는 점과 필자가 지도성 이론을 통하여 예수의 가르침이 학문적으로 상당한 의미가 있음을 논문으로 밝힌 계기에서 비롯하였다. 그러나 학문적 근거에 입각하여 나름대로 논리를 가지고 기술하였음에도 불구하고, 만약 누군가가 예수의 가르침을 한 교리 정도로 생각한다면 참으로 안타까운 일이 될 수 있다. 그런 이들에게는 예수가 우리에게 구체적으로 제시해 주는 지혜의 비밀을 발견할 수 없을 것이다.

현재 조직의 리더이거나 앞으로 리더를 꿈꾸는 자들에게 기존의 고정된 리더의 패러다임에 너무 집착하기보다는, 보다 넓고 깊은 시각을 통하여 현명한 예수의 가르침이 현재의 리더십 이론에 어떤 의미를 시사하고 있는지를 함께 깊이 생각해보는 기회가 되길 간절히 소망한다.

필자는 이 책이 정치가, 각 조직의 리더, CEO, 목회자, 교육계의 장(학교장) 등 현재 지도자이거나 앞으로 리더를 꿈꾸는 사람들에게도 리더십의 본질을 생각하는 시사점을 주리라 확신한다. 그리고 정치나 경영, 행정, 교육 등을 공부하는 사람들에게도 리더십에 대한 시각을 넓히는데 도움이 되기를 기대한다.

끝으로 여러 가지 어려운 상황에서도 출판을 흔쾌히 허락해주신 박영사 안상준 상무님과 편집부 김선민 부장님 그리고 이선경 과장님께 심심한 감사의 말씀을 드린다.

2017년 7월

김 재 덕

| 차 례 |

시작하는 말

21세기는 4차 산업혁명이 주축이 되는 시대이다. 즉 지금까지의 시스템의 변화를 요구하는 시대이다. 그 변화의 중심 방향은 민주적이고 도덕적이며 미래 지향적인 모델을 담고 있어야 한다. 그것은 21세기를 사는 우리 사회의 최대 과제라고도 할 수 있다. 그러한 중요한 과제를 달성하기 위해서는 조직에 대한 기존의 경영방식이 새로운 시대의 요구와 우리 문화에 알맞게 가치, 정책, 운영방식, 구조, 과업, 조직의 추종자 등이 점진적으로 모두 변해야 될 것이다. 그 무엇보다도 이러한 변화의 시대 흐름에 적응하고 선도하기 위해서는, 조직 리더의 의식, 가치관 그리고 행위가 획기적으로 변해야 할 것이다.

그렇다면 현재 우리 리더들의 모습은 어떠한가? 우리 리더들은 과연 효율적으로 조직을 관리하고 있는가? 혹시, 추종자들을 군림하기 위해서 리더의 자리를 차지하고 있지는 않는가? 봉사, 헌신 그리고 솔선수범의 정신으로 추종자들에게 모범을 보이고 있는가? 과연 추종자들에게 새로운 시대에 적절한 공감 넘치는 리더십을 발휘하고 있는가?

나는 진짜 리더인가, 가짜 리더인가?

오늘날 우리 사회가 급속히 변화함에 따라 국민의 기대와 요구가 증가하고, 참여적 민주화로 인한 자율성 증대 등으로 보다 효과적이고 도덕적 사회를 추구하고 있으므로, 리더들은 이에 대한 비전을 제시해야 하는 막중한 위치에 서있다. 그러나 우리의 리더들은 국민들을 바람직한 방향으로의 신념이나 가치를 변화시키기보다는 자신들의 이익에 치중하는 일이 많다.

이러한 점에서 볼 때, 우리 사회와 조직의 운영자인 리더의 자질과 능력 그리고 가치는 미래 한국 사회의 성패를 결정하는 매우 중요한 요인이라고 할 수 있다. 따라서 이제 우리의 리더들은 권위적이고 전통적인 조직 관리의 한계를 극복하고, 이 시대의 변화에 도전할 수 있는 새로운 패러다임의 리더십, 즉 추종자들에게 공감 넘치는 새로운 리더십을 발휘해야 하는 중요한 시점에 와 있다.

새로운 패러다임을 요구하는 21세기 정보화 시대는 지식을 기반으로 한다. 그러한 지식은 대부분 과학적 방법에 기초를 두고 있다. 그러한 과학적 지식은 우리 인간에게 크나큰 혜택과 많은 영향을 주고 있는 것이 사실이다. 그러나 오늘날 새로운 많은 과학적 지식이 비약적으로 늘어나고 있지만, 다른 한편으로 우리는 역사적으로 중요한 인물들의 심오하고 현명한 가르침을 망각하거나 소홀히 하는 경향이 있다는 점을 반성해야 한다. 위대한 가르침들을 신화나 종교의 한 부분으로 무시해온 경향이 있다. 따라서 좀 더 논리적인 접근을 통하여 예수, 석가, 공자 등의 현인(wise man)들의 가르침들을 우리 사회에 활용하려는 적극적인 도전과 노력이 절실히 필요한 시점이다. 그 이유는 과학적 지식만으로 인류사회가 더 발전하고 행복해지는 데 한계가 있기 때문이다.

그렇다면 수천 년이 지난 역사적 인물들의 가르침들이 과연 오늘날에도 적용될 수 있고, 유효한 것일까? 정말 효과적으로 조직의 목표를 달성하는데 도움을 줄 수 있는 가르침들일까? 과연 인간의 수준을 높일 수 있는 가르침들일까? 특히, 종교와 관련된 인물의 가르침들이 과연 조직을 관리하는 데 도움을 줄 수 있을까? 하는 의문을 가질 수 있다.

만약, 조직이 인간의 가치와 존엄성을 무시하고 생산성의 극대화와 목표달성을 위해서만 존재하는 기계적인 집단이라면 그런 의문은 어느 정도 타당성이 있을 수도 있다. 그러나 인간 개인이나 집단은 현실적인 이익뿐만 아니라, 그 이상의 것을 성취하려는 욕구가 근본적으로 존재한다. 즉 인간의 욕구 차원은 낮은 차원의 생리적인 욕구에서 사회적인 욕구, 보다 더 높은 차원인 자아성취의 욕구, 봉사와 헌신의 욕구 등을 가지고 있다. 인간은 보다 높은 욕구를 성취했을 때, 진정한 의미를 느끼는 고귀한 존재이다.

이러한 인간의 존귀한 욕구를 성취하기 위해 예수의 가르침은 우리 사회의 리더들에게 보다 차원 높은 인간으로 나아가는 길을 구체적으로 제시하고 있다. 그것을 단지 종교적인 신념이라 단정할 수 없다.

무엇보다도, 조직의 효과성을 높이려면 리더는 도덕적 기준에 맞추어 올바르게 경영하고, 추종자들에게는 신뢰와 존경을 받아 만족스럽고 보람된 관리자가 되어야 한다. 만약 리더가 수익에만 집착하고 추종자의 인격, 복지 그리고 자아성취를 무시한다면 그 조직은 멀지 않아 파멸할 수도 있을 것이다.

본서는 예수의 가르침들에서 나타나는 교훈을 통하여 조직의 리더들이 어떤 리더십을 발휘해야 하는가를 다루고 있다. 즉, 조직을 살리는 리더십이 무엇인지를 구체적으로 제시하고 있다. 필자는 종교적 신념을 초월하여 예수의 가르침들에서 나타난, 리더십에 대한 현명한 통찰력이 보다 많은 조직의 리더들에게 전달되기를 소망한다.

실제로, 예수가 제시하는 리더십은 리더와 추종자들에게 성실하고, 도덕적으로 높은 수준의 삶을 살아가게 하며, 건전하고 실천적인 행동을 통해 개인과 조직의 목표를 효과적으로 달성하도록 해준다. 현대의 조직이 생존하고 발전하기 위해서 반드시 필요한 리더십이다. 예수의 가르침을 통해 기존 리더십의 문제를 깊이 있게 성찰하는 기회를 갖는 것은 조직 경영에 매우 의미 있는 일이다.

본서에 대한 독자의 이해를 돕기 위해 필자가 예수의 가르침을 보는 관점 및 본서에서 기술하고자 하는 범위와 정도에 대해 미리 언급하고자 한다. 필자는 이 책의 목적을 체계적으로 기술하기 위해 신약성서에 나타난 예수의 리더십이 무엇인가의 문제를 설정하고, 그것이 무엇인지를 구체적으로 제시하려고 노력하였다.

이 책에서 필자는 신약성서를 하나의 위대한 역사서로 보고, 그 내용을 분석하여 기술하였다. 예수의 가르침을 기술하는데 있어, 종교적 신념이나 배경을 배제하였으며, 예수의 가르침을 좀 더 폭넓게 이해하고 기술하기 위해 성경의 주석 및 신학자들의 주석서를 어느 정도 탐독하였으며, 그 밖의 여러 문헌들을 참고하였다는 점을 밝혀둔다. 이 책에 대한 기술 자료로는 2차 자료인 '빅슬림 굿데이 성경(한글판)'을 이용하였다.

이 책의 기술 범위는 신약성서 27권 중 신약의 앞부분에 나오는 4권, 즉 공관복음서인 마태복음, 마가복음, 누가복음 그리고 요한복음까지로 제한하였다. 그 이유는 이 4 복음서들이 예수의 행위를 가장 잘 나타내고, 그 내용이 인류에게 복된 소식이 된다는 의미를 가지기 때문이다. 특히 신약 복음서에 나타난 예수의 360여 개의 가르침들과 예수를 직·간접으로 표현하는 가르침 중에서 필자가 리더십 이론과 관계된다고 생각되는 대표적인 일부 가르침만을 기술 대상으로 삼았다는 점도 밝힌다.

예수의 가르침을 기술하는데 있어, 종교적 배경이나 함축된 의미를 심도 있게 기술하지는 못하였으나, 인간경험에 직·간접으로 사용되는 원칙과 리더십 이론들을 적용하고 이해하는데 별 무리가 없다고 판단되는 가르침들을 기술 대상으로 삼았다는 점도 미리 밝혀둔다.

유능한 리더의 자질은 지도해야 할 대상이나 조직의 성격에 따라 차이가 있으므로 리더가 갖추어야 할 일반적인 자질의 조건은 조금씩 다를 수 있으나, 리더의 가치와 규범은 매우 중요한 요소다. 기존의 리더십으로 새로운 시대의 생존력을 활성화하기 어렵다. 그런 측면에서 리더들은 조직의 가치와 규범에 관심을 가지고 집중할 필요가 있다. 조직의 가치와 규범은 조직의 미래 얼굴이다. 기초와 뼈대가 튼튼하지 않은 건물은 오래 지탱하기가 어렵다. 따라서 이런 점에서 예수의 가르침이 주는 시사점이 크다. 본서는 예수가 신약성서에서 제시하는 가르침의 특성을 13가지로 나누어 기술하였다. 결국, 그것이 예수 리더십이다.

앞으로 전개될 본서의 기술 순서는 앞에서 이미 언급한 목적, 범위 등을 제외하고, 본서를 크게 1장과 2장으로 구분하고, 1장에서는 본서의 핵심인 신약성서에 나타난 예수의 13가지 리더십 특성들을 지도성 이론의 관점에서 분석하여 구체적으로 기술하고, 끝으로 14절은 본서의 결론으로 전체를 리더십의 이론 측면에서 요약하고, 필자의 강조점을 제시하였다. 2장은 1장을 분석하는 데 기초가 되는 주요 리더십 이론들의 이해를 돕기 위해 간단하게 요점을 정리하였다. 1장을 보면서 좀 더 깊이 있는 이해를 원하는 독자들은, 2장을 참고하면 많은 도움이 된다.

특히, 학교조직 현장에 있는 학교장이나 교사들을 위해 어떻게 리더십을 발휘해야 하는지를 구체적으로 제시하여 학교조직에서 실제로 활용할 수 있도록 하였다.

제1장

예수의 리더십

Leadership of Jesus

제1장

예수의 리더십[1]

예수의 리더십에 대한 연구는 미국 신학대학을 중심으로 시작되었다. 그래서 예수의 리더십에 대한 지식이 주로 교회의 경영에 많이 활용되었다. 우리나라에서는 1983년에 최초로 신학과 석사학위에 예수의 리더십에 대한 연구가 등장하여, 지금까지 주로 학위논문과 기독교 학술지에 발표되고 있다.

일반조직에서 예수의 리더십이 대안적 리더십으로 관심을 가지게 된 것은 1990년 대 미국의 경영학자들에 의해 시작되었다. 정치한 조직학 이론이나 심리학적 이론을 활용한 연구라기보다는, 일부 경영학자들이 예수의 가르침을 조직관리의 관점에서 가볍게 살펴보는 정도의 접근이었다.

한국에서는 주로 신학적인 관점에서 예수의 리더십을 연구해오다가, 2000년대에 들어와서 비신학계에서는 필자를 비롯한 소수의 연구

1 여기에 분석된 일부분의 내용들은 필자가 2003년에 교육행정학 연구에 '신약성서에 나타난 예수의 리더십에 관한 연구'를 발표한 것임.

자들이 예수의 가르침을 지도성 이론으로 분석하는 연구가 시작되었다. 앞으로 예수의 리더십이 다양한 학문의 관점에서 심도 있는 연구가 이루어지길 기대한다.

본서의 1장에서는 신약성서에 나타난 예수의 가르침을 지도성 이론의 관점에서 분석하였고, 조직 현장의 리더에게 조직을 어떻게 관리하면 유용한가를 실제적인 측면에서 구체적으로 제시하였다. 본서는 먼저, 예수의 사역과 생애를 살펴보았고, 다음으로 예수의 리더십에 나타난 화목, 위기관리능력, 의사소통, 봉사, 신뢰, 배려, 청렴, 솔선수범, 공평, 책임완수, 관용, 권한위임, 카리스마 등의 특징적인 개념들을 살펴보았고, 마지막으로 예수의 리더십이 무엇인가를 지도성 이론의 관점에서 정리하였다.

예수의 사역과 생애

예수를 이해하기 위해서는 그의 사역과 생애를 대략적으로 살펴보는 것이 필요하다. 리더는 자기가 해야 할 일을 깨달았을 때 그 일을 언제 시작할 것이냐의 문제에 가로놓이게 된다. 그 시기를 잘못 선택하여 일을 시작하기 전에 갖추어야 할 준비와 그에 필요한 지식이나 정보, 장비가 없이 시작하면 목표를 달성하기 어렵다. 예수도 하나님의 부르심을 기다리면서 준비를 해야 했다. 그가 신전에서 계시를 받은 것은 열두 살 때였고(누가 2:42), 하나님의 일을 시작하기 위해 나사렛을 떠난 것은 서른 살 때였다(누가 3:23). 그는 자신의 목표를 시작하기 전에 지혜가 자라고 키가 자랐다(누가 2:52). "간음한 여인을 잡아온 기사를 보면 예수가 앉아서 땅에 글씨를 썼다고 했다(요한 8:8)"는 것으로 보아 그는 글을 쓰는 법도 배웠다. 그는 목표를 실현하는 준비과정에서 사도요한에게 세례를 받았고(마가 1:9), 전능하신 하나님으로부터 성령과 하나님의 아들이라는 확신을 받았다(마가 1:11;

마태 3:17; 누가 3:22).

이러한 과정을 통하여, 예수는 목표실현을 위해 어떻게 자신의 과업을 실행할 것인가?, 어떤 방법으로 수행할 것인가? 등의 문제를 해결하기 위해 자신의 고난극복을 위한 시험에 봉착하게 되었다. 그는 성령에 이끌리어 광야로 가게 되었다(마가 1:12; 마태 4:1; 누가 4:1). 그리고 광야에서 홀로 머물면서(마가 1:13; 마태 4:2; 누가 4:2), 적막한 곳에서 짐승들과 함께 있었고(마가 1:13), 금식을 하였다(마태 4:2; 누가 4:2). 지도자로서 자기극복의 인내력 훈련은 여기서 끝나지 않고 마귀로부터 두 번 유혹의 시험을 받게 되었다(마태 4:3 이하; 누가 4:3 이하; 누가 4:9－12; 마태 4:5－7). 결국, 예수는 깊은 인내를 통하여 이러한 고난을 극복하게 되었다.

예수는 자기극복의 훈련을 거쳐 목표를 달성하기 위해 갈릴리에서 하나님의 복음을 전파하기 시작하였다(마가 1:14). 예수의 목표가 시작된 갈릴리는 예수가 성장한 곳이기 때문에 자신의 선교활동을 잘 수행할 수 있었다. 갈릴리는 아마도 팔레스틴에서 가장 인구가 많은 지역이라서 짧은 시간에 효과적으로 선교할 수 있는 곳이었다. 또한, 갈릴리 사람들은 새로운 가르침과 사상을 받아들이기를 좋아했다(정용섭·김성환, 1984: 60－61). 예수는 갈릴리 지방의 여러 회당에서 하나님의 나라와 하나님 나라에 들어가기 위한 교훈들을 가르쳤다(마 4:23; 9:35; 누가 4:15, 44). 그러나 예수는 자신의 가르침을 따르지 않으면 하나님의 나라에 들어가는 특권을 빼앗길 수가 있다고 하면서(마태 21:43; 8:11; 누가 13:28), 그의 가르침에 방해하는 사람은 단호히 베어버리라는 명령(마태 9:43－48)을 하였다.

예수는 자신의 선교활동을 하면서, 자주 '랍비' 즉 선생님이라는 말을 쓰고 있는데(마태 26:49; 마가 9:5; 10:51), 이는 '나의 위대한 분'이라는 뜻이며, 뛰어나고 세상에서 잘 알려진 사람에게 붙였던 유대인의 표준적인 칭호였다(정용섭 · 김용환, 1984: 127 – 128). 그는 예루살렘 성전에서 평범한 사람들을 가르쳤고(마가 14:49; 마태 26:55; 누가 20:1), 또한 그 당시의 최고의 학자들과 전문적인 논의와 토론을 한 것으로 보아(마태 22:23 – 46; 마가 12:13 – 44; 누가 20:19 – 44), 전문성이 매우 뛰어난 교사로 보인다.

특히, 예수는 자신의 역할 인식을 분명히 하였다. 자신은 하나님의 나라가 무엇인지를 설교하러 세상에 왔다고 하면서, "내가 이일을 하러 왔다"고 하였다(마태 1:38). "나는 의인을 부르러 온 것이 아니라 죄인을 부르러 왔다" (마태 9:9 – 13; 마가 2:14 – 17; 누가 5:27 – 32), "인자는 섬김을 받으러 온 것이 아니라 섬기러 왔다"고 하였다(마태 20:20 – 28; 마가 10:35 – 45). 그뿐만 아니라, 그는 "나는 내가 어디서 와서 어디로 가는지 알고 있다"라고 하였다(요한 19:11). 그는 자신이 온 목적을 "율법을 폐하는 것이 아니라 완성하기 위해서 왔고(마태 5:17), 대속물로 자신의 목숨을 주러 왔고(마가 10:45), 인류구원을 위해 왔다(누가 9:56)"고 하였다.

한편, 예수는 자신의 목표달성을 효과적으로 수행하기 위한 장소로 정한 갈릴리에서 본격적으로 목표의 내용을 적극적으로 전파하기 시작하였다. 그는 "회개하라, 하늘나라가 가까이 와 있다(마태 4:17)"고 하면서, 하나님의 나라를 마가복음에서 16번, 누가복음에서는 32번이나 언급하였다. 그것이 그의 의무이며 책무였다(누가 4:43). 그것이 영원한 생명을 얻는 길이라는 것이었다(마가 9:43, 45). 그러기 위해서는 나, 곧 하나님이 보내신 이의 가르침을 받아들여야 한다고 설파하였다.

특히, 그는 도덕적 가르침을 강조하면서, 첫째, 어린이와 같은 깨끗한 마음을 가져야 하고(마태 18:1), 부자처럼 소유물에 대한 욕심이 많은 사람은 하나님 나라에 들어갈 수 없다고 하였다(마태 19:23; 마가 10:23 – 25; 누가 18:24 이하). 둘째, 누구든지 남을 용서하지 않으면 하나님 나라에 갈 수 없다고 하였고(마태 18:23－35), 예수는 십자가에 매달려 죽어가면서도 “아버지, 저 사람들을 용서하여 주옵소서. 그들은 자기들이 무슨 일을 하는지 알지 못하옵니다”라고 하였다(누가 23:34). 셋째, 예수는 누구든지 자기의 동료를 극진히 돌봐주지 않으면 하나님 나라에 들어가지 못한다고 설파하였다(마태 25:31－46). 넷째, 예수는 자신의 책무를 다하지 못한 사람에게 가차 없이 정죄를 하였다(마태 25:14－30; 누가 13:6－9; 마태 17:18 이하). 또 자신의 책무를 하지 않고 게으른 자는 재난에 직면하게 된다는 점도 강조하였다(마태 16:24－26). 다섯째, 예수는 타인을 존중하지 않은 것을 죄라고 보았다. 그는 바리새파 사람과 세리의 비유에서(누가 18:9－14) 타인에 대한 멸시가 가장 나쁜 죄의 하나이며, 또 자기에게 죄가 없다는 생각도 모두 큰 죄라고 보았다. 그러면서 그는 “네 이웃을 네 몸같이 사랑하라”고 하였다(마태 22:37－40). 여섯째, 예수는 타인과 화목하지 못한 것도 죄라고 보았다. 만일 어떤 사람이 제단에 제물을 드리려 할 때, 타인에게 원한을 품은 생각이 나거든 제물을 두고 가서 그 타인에게 화해한 후에 제물을 드려야 하나님이 그 제물을 받는다고 하였다(마 5;23 이하). 일곱째, 예수는 위선을 여러 번 책망하였다(마태 6:2, 5, 16; 7:5; 15:7; 16:3; 22:18). 그는 “주여, 주여” 하는 자가 천국에 들어가는 것이 아니라 하나님의 뜻을 행하는 자라야 들어간다고 하였다(마태 7:21). 여덟째, 예수는 제자들에게 발을 씻겨주고 “내가 너희들에게 한 일을 그대로 하라”고 본을 보여주었다(요한 13:14－15). 아홉 번째, 예수는 남을 섬기라고 한다. 타인을 섬기는 자가 높아진다고 하였다(마태 23:10－12). 열 번째, 예수는 백 마리의 양 중에 한 마리의 양은 아흔아홉 마리의 양과 똑같이 중요하다고 하였다(마태 18:12－14). 열한 번째, 예수는 병에 걸린 자들을 고쳐주었고(마가 1:31－34; 1:40－44), 귀신들린 자들을 고쳐주었다(마가 1:23, 39). 이는 사람들에게 예수 자신이 누구인가를 믿으라는 것을 극명히 보여주는 사건들이다. 따라서 그는 “나는 부활이요 생명이니 나를 믿는 자는 죽어도 살 것이다”(요한 11:25 이하)라고 하였다. 열한 번째, 예수는 자신의 선교활동이라는 목표를 달성하기 위해 12제자 사도들을 선택하였다(마가 3:13－19; 마태 10:1－4; 누가 6:13－16). 예수는 그들에게 복음을 전하고 병을 고치게 하는 일을 하게 하였다(마가 3:14 이하; 마태 10:7 이하). 그는 제자들에게 사람을 낚는 어부가 되는 권능도 주었으며(마태 4:19; 마가 1:17; 누가 5:10), 제자들을 통하여 영광을 받았다고 고백하였다(요한 17:10). 열두 번째, 예수는 제자들에게 자신의 가르침을 사람들에게 전달할 것을 강력하게 요구하였으며, 심판 날에는 견디기 힘든 날이 될 것이라고 예언하였다(마태 10:14－15).

그러나 예수를 반대하는 율법학자와 바리세인(마태 12:2, 14; 마가 2:16; 누가 6:2, 7), 사두개인들은 예수를 죽일 계획을 하는데, 그 이유는 그가 하나님의 아들이라고 주장한다는 것 때문이다(마태 26:65; 마가 14:64). 예수는 빌라도에게 심문을 받고, 십자가에 매달리게 되었다(누가 23:33). 그는 십자가에 매달려서 죽어가는 과정에서도 자신을 죽이는 자들을 용서해달라고 하나님께 기도를 하였다(누가 23:34). 그는 죽어가면서 이제 자신의 역할을 다했다고 외치고 숨을 거두었다(요한 19:30). 그리고 예수는 죽은 지 사흘 만에 다시 살아나 베드로에게 나타났고(누가 24:34), 도마에게 나타났고(누가 24:44－49), 갈릴리에서 제자들에게 나타났다(마태 28:16－20; 누가 24:36－49). 결국, 예수는 이러한 과정을 통하여 자신의 목적 달성을 이루었다.

제1절 화목의 리더십

소금은 좋은 것이로되 만일 소금이 그 맛을 잃으면 무엇으로 이를 짜게 하리요 너희 속에 소금을 두고 서로 화목하라

마가복음 9장 50절

24 예물을 제단 앞에 두고 먼저 가서 형제와 화목하고 그 후에 와서 예물을 드리라 25너를 송사 하는 자와 함께 길에 있을 때에 급히 사화(私和)하라 그 송사 하는 자가 너를 재판관에게 내어주고 재판관이 관예(官隸)에게 내어주어 옥에 가둘까 염려하라

마태복음 5장 24-25절

위의 예수의 가르침에서 소금을 소금답게 하는 것은 화목이라는 것이다. 소금은 좋은 것인데, 좋은 것은 결국 화목에서 나온다는 것이다. 또한, 송사는 고소를 말하며, 사화(私和)는 화목 또는 화해를 의미한다. 형제와 화목하지 못한 경우와 어떤 사람과 분쟁하여 고소를 당하는 일이 생긴 경우에는 먼저 화목하는 것이 중요하다는 것이다. 화해하는 일이 예배를 드리는 것과 송사하는 사람과 함께 길을 걷는 것보다 더 먼저 이루어져야 한다는 것이다. 그렇지 않으면 불행한 결과를 초래할 수 있다는 것이다.

여기서 영어성경[2]을 보면 '화목'을 peace, '사화시키다'는 reconcile을 사용하고 있다. 두 단어의 공통점은 서로에게 적대적인 관계가

---

2 본서에서 앞으로 사용되는 예수의 가르침에 대한 영어 해석은 'NIV 한영해설찬송가 위원회(2003), 한영해설찬송가, 서울: 아가페'를 사용함.

아닌 평화롭고 우호적인 관계를 말한다. 따라서 여기서 화목의 개념은 서로를 적대시하지 않고 우호적이고 평화로운 상태라고 정의할 수 있다.

신약성서는 4복음서 외에서 여러 곳에서 화목의 중요성을 강조하고 있다. 예를 들면, <행 12:20>은 "헤롯이 두로와 시돈 사람들을 대단히 노여워 하니 그들의 지방이 왕국에서 나는 양식을 먹는 까닭에 한마음으로 그에게 나아와 왕의 침소를 맡은 신하 블라스도를 설득하여 화목하기를 청한지라." <롬 3:25>은 "이 예수를 하나님이 그의 피로써 믿음으로 말미암은 화목제물로 세우셨으니 이는 하나님께서 길이 참으시는 중에 전에 지은 죄를 간과하심으로 자기의 의로우심을 나타내려 하심이니" 또 <롬 5:10－11>은 "곧 우리가 원수 되었을 때에 그의 아들의 죽으심으로 말미암아 하나님과 화목하게 되었은즉 화목하게 된 자로서는 더욱 그의 살으심을 인하여 구원을 받을 것이니라 그뿐 아니라 이제 우리로 화목하게 하신 우리 주 예수 그리스도로 말미암아 하나님 안에서 또한 즐거워하니느라"

또한, <롬 11:15>은 "그들이 버리는 것이 세상의 화목이 되거든 그 받아들이는 것이 죽은 자 가운데서 사는 것이 아니면 무엇이리요." <롬 12:18>은 "할 수 있거든 너희로서는 모든 사람들과 더불어 화목하라." <고후 5:18－20>에서는 "모든 것이 하나님께로서 났으며 그가 그리스도로 말미암아 우리를 자기와 화목하게 하시고, 또 우리에게 화목하게 하는 말씀을 우리에게 부탁하셨느니라 이는 하나님께서 그리스도 안에 계시사 세상을 자기와 화목하게 하시며 저희의 죄를 저희에게 돌리지 아니하시고 화목하게 하는 말씀을 우리에게 부탁하셨느니라 이러므로 우리가 그리스도를 대신하여 사신이 되어 하나님이 우리로 너희를 권면하시는 것같이 그리스도를 대신하여 간구하노니 너희는 하나님과 화목하라." 성경은 여기서 화목의 중요성을 멈추지 않고 계속하여 우리에게 서로 화목할 것을 강조하고 있다. <살전 5:13>은 "그들의 역사로 말미암아 사랑 안에서 가장 귀히 여기며 너희끼리 화목하라"고 한다. 이처럼 신약성서에서 화목의 개념은 매우 중요한 의미를 갖는다.

위에 제시된 가르침의 주요 쟁점은 좋은 것이 되기 위한 조건, 형제와 불편한 관계에 있는 상황, 타인과 송사에 연루되어 재판을 해야 하는 상황에서 무엇을 우선순위로 할 것인가의 문제이다. 즉 마가복음의 9장 50절은 좋은 것이 되기 위해서는 화목의 중요성, 마태복음 5장 24절에서는 예물에 제단을 바치는 일과 형제와 화목하지 못한 관계에 있다. 25절은 송사하는 자와 함께 길을 가야 하는 상황이 전개되어 있다. 이러한 경우에는 2가지 과업을 먼저 수행해야 할 것인가, 아니면 형제와 먼저 화목한 관계를 갖는 일과 송사하는 자와 화해하는 관계를 가질 것인가의 문제이다. 예수는 제단에 예물을 드리는 일보다, 송사하는 자와 송사하기 위해 함께 길을 걷는 것보다, 먼저 수행할 것은 서로 화목하는 일이라는 것을 강조하고 있다. 또, 사람에게 좋은 것이 되기 위해서는 평화롭고 우호적인 것이 선행되어야 함을 말하고 있다. 예수는 과업보다는 타인과 적대적인 관계가 아닌 친밀하고 우호적인 관계를 유지하는 것을 먼저 선행되고, 그 다음에 과업을 수행하라는 것이다. 과업을 수행할 때에 선행해야 할 일이 과업을 바로 수행하는 것보다, 과업 수행자들과의 화목한 관계가 필수적이라는 것이다. 화목한 관계 속에서 이루어지는 과업의 수행은 즐겁고 긍정적인 결과를 낳을 것이다. 화목하고 평화로운 조직의 분위기에서는 조직의 목표가 효과적으로 달성된다.

조직의 관점에서 보면 중요한 과업을 먼저 수행하는 것이 옳은 일일 수도 있다. 그러나 예수는 과업 수행보다 화목한 인간관계를 먼저 형성하라고 한다. 이는 화목한 인간관계가 과업수행을 위한 선행조건임을 알 수 있다. 즉 어떤 과업을 성공적이고 효과적으로 수행하려면 그 과업을 수행하기 전에, 먼저 화목한 관계를 조성한 후에 본 과업을 수행하라는 것이다. 그것이 일을 처리하는 순서라는 것이다. 과업수행의 우선순위는 과업과 관계된 사람과의 화목한 관계를 형성하고 있는지, 적대적인 관계는 없는지를 확인하고, 문제가 있으면 먼저 상대와 우호적인 관계를 형성하고 난 후에 과업을 수행하라는 것이다.

화목한 인간관계 중심이 조직의 효과성을 높일 수 있다는 연구들이 있다. 예를 들면, Tannenbaum & Schmit(1957)는 과업 지향적 리더(권위적)와 관계 지향적 리더(민주적)에 대한 연구에서 과업 지향적 리더는 추종자들에 대한 영향력으로 직위에 주어진 권력을 사용하며, 추종자들을 대할 때 과업 지향적이고, 리더 혼자서 독단적으로 의사결정을 하며, 과업을 성취하기 위해 추종자들을 많이 통제하는 경향이 있는 것으로 나타났다. 이에 반해 관계 지향적 리더는 과업을 성취하는 데 추종자들에게 많은 자유를 허용한다. 연구결과, 효과적인 리더는 추종자의 능력, 조직의 목표를 적절히 고려하여 권력을 배분하는 관계 지향적 리더가 효과적인 것으로 나타났다.

Michigan 대학교의 Likert(1961)는 추종자 중심 리더십과 직무중심 리더십에 대한 연구를 수행하였다. 추종자 중심 리더십은 과업 수행에 있어 인간적인 측면을 강조하고, 추종자 개인을 존중하고, 그의 복지 증진에 관심을 갖는다. 그리고 추종자에게 의사결정의 권한을 위임하고, 지원적 과업환경을 창조하여 추종자의 욕구를 충족시키며, 추종자의 발전, 성취, 성장에 관심을 갖는다. 직무중심 리더십은 직무의 생산성과 기술성을 강조하며, 추종자를 단순히 과업 성취를 위한 도구로 본다. 또한 과업을 성취하는 구체적인 절차, 강압적인 권력행사, 성취결과에 대한 철저한 평가 등을 적용하여 추종자를 감독하며, 강압적이고, 보상적이며, 합법적인 권한을 사용한다. 이 연구의 결과, 효과적인 리더는 추종자를 존중하고, 원만한 인간관계를 형성하며, 과업성취를 높이고, 의사소통을 원활하게 하기 위하여 추종자 중심의 리더십을 발휘하는 경향이 있는 것으로 나타났다.

Hoy & Miskel(1991: 268－269)도 효과적인 리더는 추종자의 자존심을 높여주고 추종자들과 지원적 관계를 맺는 경향이 있다고 하였으며, Sergiovanni(1992)는 도덕적으로 민감한 공동체를 형성하는데 있어 협동의 중요성을 강조하면서, 협동은 일을 공유하고 함께 하려는 책임과 필요성을 느낄 때에 내부로부터 나온다고 하였다. 김종철(1985: 193)도 행정은 인간이 모여서 협동하는데 이루어지며, 인간관계는 인간과 인간을 인화·조화의 방향으로 결집시키는 것이 관건이라 강조하였다.

조직의 풍토가 우호적인 풍토에서는 추종자들이 긍정적인 효능감을 가진다는 여러 연구들이 제시되고 있다. 이숙정(2008)은 수도권 소재 중학교 교사 233명을 대상으로 설문조사를 실시한 결과, 교장의 지도성과 교사 간의 협력이 나타내는 학교 풍토가 교사 간의 신뢰를 신장하여 궁극적으로 교사 개인의 효능감을 강화시키는데 효과가 있다는 것을 실증적으로 제시하였다(안암교육행정연구회, 2014: 146 재인용). 따라서 화목의 리더십은 조직의 목표를 효과적으로 달성하기 위해 리더가 추종자들에게 과업수행보다는 화목한 인간관계를 우선적으로 행사하는 리더십이다.

동아생명보험의 안철환3(직장인, 1990: 59) 전 사장은 "조직은 대립적이고 수직적인 관계가 아니라 공동의 목표를 지향하는 공동 운명체로서의 노사관계 정립을 위해 상호이해 증진으로 전 조직원이 혼연일체가 되어 단합된 힘이 발휘되어야 한다"고 하였고, 삼부토건의 조정구(직장인, 1990: 88) 전 회장도 "인화 협동만이 그 어떤 어려움을 극복할 수 있다"고 하였고, 쌍용 자동차의 손명원(직장인, 1990: 109) 전 사장도 "전 경영진이 합리적이고 진보적인 사고 하에서 노조의 실체를 인정하고, 기업 번영에 노사협력이 필수적이다. 자동차 업계는 이제 막 피어나려는 꽃과 같은데 계속 성장하고 세계적인 호기를 잡기 위해서는 노사화합이 선결과제이다"라고 하였다.

이와 같이 우수 경영자들은 화합(화목)을 기업의 경영철학으로 제시하였다. 즉 공동 운명체라는 의식으로 단합하는 것, 인화만이 어려움을 극복할 수 있는 힘이라는 것, 그리고 회사가 발전하기 위해서는 노사화합이 선결조건이라는 것이다. 현명한 기업의 경영자는 과업중심, 즉 생산중심의 경영을 강조하지 않는다. 먼저 단합을 중시하고, 그 다음에 생산을 강조한다. 기업의 생산이나 이익을 내는 일도 모두 사람이 하는 것이다. 생산성 향상이나 이익의 증대는 경영자와 추종자, 추종자와 추종자가 서로 단합하여 화목하지 않으면 불가능하다. 그러니 예수가 제시한 화목의 리더십은 얼마나 공감 넘치는 지혜인가!

---

3 본서의 2장에서 언급되고 있는 한국 기업체들의 CEO 성함과 기업체들의 상호는 직장인(1990), **최고 경영자들의 명언집**, 직장인 3월호 별책부록과 동아일보사(1987)에서 펴낸 '**세계를 움직이는 100인: 그 인간과 행동철학, 신동아별책부록(1월호)**'을 기초자료로 활용하여 그대로 기술하였다. 2017년 7월 현재, 본서에서 기술된 기업체들의 상호와 CEO들의 성함이 바뀌었으나, 옛 자료를 그대로 본서에 기술한 것은 기업체 CEO들의 경영철학 내용, 그 자체가 본서를 기술하는 데에 중요한 것이기 때문에, 현재 모습으로 바뀐 기업체들의 상호와 CEO들의 성함은 굳이 변경하지 않고 옛것으로 그대로 기술하였음을 밝혀둔다.

사실, 화목한 분위기에서 수행하는 과업은 효과적이고 능률적이다. 조직의 과업을 처리하는 추종자들이 서로 분노하거나 불편한 마음을 가지고 일을 하는 것보다, 화목하여 뜻이 맞고 정다운 분위기에서 일을 처리하다보면 목표는 자연스럽게 성취되고, 또 그 이상의 긍정적인 결과를 가져올 수 있다. 이러한 맥락에서 리더는 조직의 화목한 분위기를 조성하고 유지해야 하는 사람이어야 한다.

화목하지 못한 관계는 서로가 매여 있는 닫힌 관계이다. 즉 내적이든 외적이든 서로 의사소통할 수 없는 철저히 봉쇄된 관계이다. 또한 서로를 신뢰하지 못하는 불신의 관계이며, 상대에 대하여 적대적 감정을 가지고 있는 불편한 관계이다. 이러한 상태에서 과업 수행이 성공적으로 이루어지기 어렵다.

이러한 관점에서 화목한 조직이 되기 위해서 리더는 다음과 같은 점에 유의해야 한다. 첫째, 리더는 추종자들을 먼저 배려해야 한다. 즉 리더가 추종자들에게 먼저 온정적이며 친절한 태도를 취해야 한다. 그렇게 되면 리더와 추종자 간의 관계는 의사소통이 잘 되고, 신뢰가 형성되며, 상호 존중하게 된다. 조직의 이러한 분위기는 언제나 명랑하고 활기가 넘치고, 추종자들은 서로 협력한다. 따라서 조직의 목표는 자연스럽고 즐겁게 성취되고, 조직은 가정처럼 온화하고 오래도록 머무르고 싶은 곳이 된다.

둘째, 리더는 민주적인 경영을 해야 한다. 민주적인 리더는 의사결정을 함에 있어서 추종들의 적극적인 참여를 유도하고, 추종자들이 결정한 사항을 경영에 적극 반영하도록 노력한다. 즉 독단적인 운영을 하지 않고 합리적인 의사결정을 통해 조직을 운영해 나간다. 또한 민주적인 리더는 자신의 추종자들의 능력을 무시하지 않고, 먼저 진솔한 마음으로 추종자들의 과업을 지원한다. 리더가 이렇게 하게 되면 추종자들은 퇴근 후에도 개별적인 업무가 필요한 경우에 적극적으로 시간을 할애하여 자신의 과업을 충실히 달성한다.

셋째, 리더는 추종자와 상호간의 원만한 인간관계가 형성될 수 있는 분위기를 조성해야 한다. 이를 위해 리더는 무엇보다도 추종자들이 상호 교만함을 버리고, 상호 협조의 정신을 발휘하고, 너그러운 태도와 신뢰감을 가지며, 화제의 건전성과 명랑성이 유지되며, 같은 동료 앞에서 서로를 비판하지 않는 분위기가 조성될 수 있도록 노력해야 한다. 이렇게 되면 조직은 경직되지 않고 자율적인 분위기가 흐른다. 그래서 조직의 추종자들은 서로 운동도 함께 하고, 때로는 집에 초대하여 식사도 함께 나누며 즐거운 시간을 보낸다. 이런 화목한 분위기를 통하여 조직의 과업 목표는, 추종자들이 서로 협조하고 단결하여 성공적으로 이루어낸다.

반면에, 화목보다 과업을 지나치게 강조하는 리더는 첫째, 추종자들의 사회 심리적 욕구 충족을 위해 노력하지 않는다. 그 이유는 리더가 오직 과업 성취에만 집중하고 있기 때문이다. 그러는 사이에 조직의 단결력은 서서히 완화되고, 추종자들은 경직되어 과업에 대한 유연성과 성취 욕구는 쇠퇴된다.

둘째, 리더 자신은 추종자 간의 우정과 상호신뢰, 존경을 위한 노력, 온정 등은 소홀히 하고, 조직의 과업 성취를 위해 추종자들과의 관계설정, 조직패턴, 일 절차와 방법 등에만 몰두한다. 그래서 그러한 리더는 추종자들을 과업 수행에 필요한 도구로만 생각하는 경향이 있다. 만약 추종자들이 일을 제대로 하지 못하면 멸시당하거나 실직을 감수해야 한다.

셋째, 리더는 과업 목표에 대한 집념이 매우 강하면 공식적인 상의하달식 의사소통에 의존할 뿐만 아니라 거의 모든 업무에 대하여 지시한다. 의사결정에 있어서도 합의적인 방식보다는 독단적인 방식을 취하므로, 추종자들은 자유롭게 자신의 의견을 제시하지 못하고 상사의 눈치만 살핀다. 결국 추종자들은 리더의 의견에 소극적으로 대하거나 과업 수행에 대해 매너리즘에 빠질 수 있다.

넷째, 리더는 공식적인 관계만 중요시하고 비공식적인 관계를 소홀히 하거나 무시하는 경향이 있다. 비공식적인 관계는 공식적인 업무에 매우 중요한 영향을 미치고 있다. 조직은 내적으로 공식적인 규범만 존재하는 것 같으나, 그 속에는 비공식적인 규범이 존재하여 공식적인 업무에 상당한 영향력을 행사하고 있다. 예를 들면, 비공식적인 모임은 취미 동아리, 학연, 학습공동체 등은 공식적인 업무에 상당한 영향을 주고 있다. 따라서 리더는 비공식적인 관계에서도 추종자와 화기애애한 관계를 유지하는 것이 중요하다.

화목의 중요성을 인식시키는 한 기사의 사례를 살펴보자. 1989년 LG전자의 구미공장은 격렬한 파업이 정점으로 올라가고 있었다. 낮에는 지게차가 고속도로를 점거하고 밤에는 철야농성이 이어지고 있었다. 민주화라는 이름으로 노사분규가 전국을 강타하고 있을 당시 LG전자 역시 예외는 아니었다. 연일 계속되는 파업으로 이미 회사측 손실액은 6천억 원을 넘어섰다. 무엇보다 백색가전 제품부문에서 경쟁사인 삼성전자에 시장점유율 1위 자리까지 내주는 치욕까지 당했다.

그 파업현장에 당시 사장이던 이헌조 씨가 담을 넘어 노조의 눈을 피해 농성장 안으로 들어갔다. 노조원들도 놀란 상황이었다. 농성장을 방문한 이 사장의 첫 마디는 "우리가 잘못한 것이 있으면 사과한다"고 하였다. 근로자를 일벌레로만 치부하던 당시 상황에서 파격적인 발언이었다. 그는 집행부와 담판해 "3년 내 경쟁사와 똑같은 수준으로 임금과 복지 수준을 올리겠다"고 약속했다. 사측이 먼저 화해의 손을 노조측에 내민 것이다. 그러나 당시 강성 노조는 반신반의했다. 당시 노조 간부로 파업에 참여했던 장석춘 현 노조위원장은 "그때 회사가 말하는 것은 모두 거짓말 같았다. 그러나 회사측은 임협이나 단협 자리에서 노조원들의 무례함까지 다 받아줬다"고 술회했다. 뿐만 아니라 회사는 외부로 공개되지도 않은 기밀까지 모두 노조측에 공개했다. 장 위원장은 "TV 판매대 수까지 공개하더라"고 회고했다. 실제 회사측은 노조와 한 모든 약속을 성실히 지켜냈다. 임금뿐 아니라 복지수준 역시 근로자가 마음 놓고 일할 수 있는 수준을 맞추기 위해 '눈에 보이는' 노력을 다했다.

한 예로 부산 사상공장 주물공정 근로자들이 열악한 환경을 이유로 환경수당을 요구했을 때 회사측은 수백억 원의 자금을 들여 작업환경 자체를 완전히 바꿔버렸다. 지난 94년에는 2월 결산을 해보니 두 달 전 12월 가결산보다 더 나왔다고 성과급을 추가로 더 지급했다. 사측은 노조 요구를 늘 그렇게 인정해줬다. 즉 21세기 생존경쟁의 시대에 회사가 성장·발전하기 위해서는 그 무엇보다도 노사의 화합이 중요하다는 것을 인식한 것이다.

현 최고경영자인 구자홍 부회장의 노사관도 독특하다. 그는 기회 있을 때마다 임원들에게 "회사에 수천억 원을 벌어줘도 필요 없다. 노사 마인드가 없으면 나가라"고 이야기한다. 매년 새로운 임원이 뽑히면 노조위원장을 초청해 토론 자리를 갖는 것도 이 같은 구 부회장 마인드에서 나온다. 구 부회장이 사업장을 방문하면 언제나 맨 먼저 노조 사무실에 들러 "내가 도와줄 게 없느냐"고 물을 정도다.

회사측의 화해 분위기 조성으로 인하여 언제부터인가 노조측이 회사 호의에 답하기 시작했다. 94년에는 LG전자 산하 12개 지부 위원장들이 "품질과 생산은 우리가 책임지겠습니다"는 광고에 출연해 화제를 모았다. 2000년에는 유니언 프로젝트라는 이름으로 노조가 주도해 새로운 모델의 TV를 개발했다. 2001년 3월부터 시판되기 시작한 이 TV는 통상 2만대만 팔려도 성공이라는 업계 관념을 깨고 무려 20만대나 팔렸고 지금도 스테디셀러다.

한국 노사관계에 새 장을 연 것은 노조가 도입한 인센티브제이다. 회사측이 직원들에게 지급한 인센티브 중 6억 원을 스스로 떼어내 히트상품에 공이 큰 12개 연구개발(R&D)팀에 인센티브를 지급하고, 최근에는 미국 IBM사 바이어를 만나 "우리를 믿고 물량을 달라"고 호소해 바이어를 감동시키기도 했다.

장 위원장은 "노사관계에서 힘 있는 쪽은 회사이다. 노는 사측을 의심할 수밖에 없는 구조"라는 전제를 뒀다. 그러나 "LG전자는 회사가 먼저 변했다. 노측과 한 모든 약속을 지켰다. 이젠 회사측이 뭐라고 이야기하건 우리는 그들을 신뢰한다"는 '노조위원장답지 않은' 이야기를 했다. 노사 서로가 합심하여 서로의 불만을 양보하고, 한쪽에서 먼저 화해의 행동을 보여주고, 약속을 지킨 결과, 서로가 신뢰와 믿음 속에서 단합하는 회사가 되어 폭발적인 에너지를 산출해내어, 그 에너지는 회사의 이익이 되고 사회에 환원되기도 하고, 회사 구성원들에게 이익이 되는 결과를 낳았다. 화합은 생명이고 에너지며 발전인 것이다. 그러나 회사의 불화는 파산과 위기, 불행을 초래한다.

재계의 라이벌 삼성전자는 최고 임금과 복지를 통해 무노조 정책을 사수했고 이를 통해 세계 정상 기업으로 성장했다면 LG전자는 노조를 껴안고 함께 상생(相生)하는 화합의 길을 택해 오늘날 초우량 기업으로 발돋움한 것이다.

출처: http://www.google.co.kr

이러한 맥락에서 리더는 조직 내부가 화목하지 않으면 추종자들의 협동이 이루어지지 않아, 결국 조직의 공동 목표를 성취하기 어렵다는 것을 가장 먼저 인식해야 한다. 또한 리더는 과업 우선주의보다는 원만하고 화목한 인간관계 중심의 환경을 조성하고, 추종자들을 먼저 배려하여 관계를 더욱 긴밀히 하고, 추종자들의 욕구를 만족시키기 위한 노력을 하고, 민주적인 경영을 하는 등, 인간관계 중심의 화목의 리더십을 발휘해야 한다. 화목한 조직, 사회, 국가는 행복하다.

학교조직의 화목의 리더십을 위하여

학교조직에서 화목한 풍토를 조성하는 것은 리더의 중요한 역할이다. 학교가 개방적이고 화목한 학교는 교사들이 서로 우호적이고 친절하며 활기찬 모습을 볼 수 있다. 그런 학교는 학교목표를 교사들이 즐겁게 수행하고 서로를 신뢰하는 분위기다. 학교가 침체되거나 매너리즘에 빠져있을 때, 리더가 화목한 풍토를 조성하면 교사들은 사기가 충만하고 직무에 만족하는 모습이다. 효과적인 학교는 교무실의 분위기가 화기애애하다. 학교장의 화목의 리더십 때문에 교사와 교사, 교사와 학교장, 교사와 학생, 교장 및 교사와 학부모의 관계가 우호적인 원만한 관계를 유지한다. 리더는 항상 학교의 분위기가 평화롭고 우호적인 상태를 유지할 수 있도록 화목의 리더십을 발휘해야 한다. 학교의 분위기는 리더십의 바로메타다. 학교장이 화목한 풍토를 조성하기 위해서는 민주적인 의사소통, 민주적인 의사결정, 교사 개인과 친밀한 인간관계 형성, 단합대회 개최 등의 노력이 요구된다.

학급을 경영하는 교사도 화목한 학급 분위기를 유지하는 것이 매우 중요하다. 화목하고 평화로운 학급은 학습 분위기가 좋고 학생들이 서로가 우호적이다. 교사의 화목의 리더십이 존재하고 있기 때문이다. 화목한 분위기에서 교사의 지도를 받은 학생의 학습 태도는 많이 다르게 나타난다. 즉 학급의 분위기가 화목한 경우의 학생과 화목하지 못한 경우의 학생 교육력은 매우 다르게 나타난다. 학급의 분위기는 교사와 학생이 함께 노력하는 것이지만, 학급을 이끌어가는 교사가 어떤 가치와 규범을 가지고 학생들을 대하느냐에 따라 달라질 수 있다. 이를 위해 교사는 학생 개인과의 친밀도 형성, 민주적인 의사결정, 학급단합대회 개최, 학생의 자율성 보장, 학생들과 빈번한 소통 등이 요구된다.

화목의 리더십 향상을 위한 점검 사항

1. 현재 나(리더)와 나의 추종자들 간의 인간관계는 화목한가?

2. 리더 자신은 조직의 화목이 조직의 목표를 수행하는 것보다 더 중요한 요소라고 인식하고 있는가?

3. 리더인 나는 종종 조직의 화목에 대한 이상 여부를 점검하는가?

4. 리더인 나는 조직의 화목을 저해하는 장애요인이 무엇이라는 것을 잘 알고 있으며, 그 장애요인들을 제거하기 위해 필요한 조치를 취할 수 있는가?

5. 리더의 가치와 규범이 추종자의 관점에서 바르게 정립되어 있는가?

제2절 위기관리의 리더십

그냥 두어라 저희는 소경이 되어 소경을 인도하는 자로다 만일 소경이 소경을 인도하면 둘이 다 구덩이에 빠지리라

마태복음 15장 14절

여기서 '그냥 두어라'라는 의미는 철저한 포기, 즉 무관심을 말하고, '소경'은 예수의 참 빛을 보지 못하는 자를 의미하며, '구덩이'는 함정이나 지옥을 의미한다. 즉, 예수의 참 빛을 모르는 자가 예수의 참 빛을 모르는 자를 인도하면, 결국 참 빛을 보지 못하고 지옥에 간다는 의미이다. 참 빛이 무엇인지 알지 못하는 무능력한 자가 능력이 있는 것처럼 하여 무능력한 사람을 인도해서는 안 되고, 참 빛을 볼 수 있는 능력 있는 자가 소경을 인도해야 구덩이에 빠지지 않고 위기를 모면할 수 있다. 그렇지 않으면 모두 파멸한다는 것이다.

영어성경은 '소경'을 blind man으로 표현하고 있다. 소경이 함정에 빠지지 않기 위해서는 소경이 아닌 사람이 소경을 인도해야 함을 비유적으로 표현하고 있다. 소경이 아닌 사람은 어디가 함정이 아닌가를 알 수 있고, 또 그 함정을 피해갈 수 있는 능력 있는 사람이다. 지금 소경에게는 위기를 극복하는 것이 관건이다. 즉 위기관리가 필요하다. 따라서 위기관리란 어려운 상황을 극복할 수 있는 힘 또는 능력이라고 정의할 수 있다.

신약성서는 복음서 외에 여러 곳에서 능력의 중요성을 강조하고

있다. 예를 들면, 신약성서에만 약 89회 정도 능력에 대해 언급하고 있다. 즉 <마 13:53−54>에서 “예수께서 이 모든 비유를 마치신 후에 거기를 떠나서 고향으로 돌아가사 저희 회당에서 가르치시니 저희가 놀라 가로되 이 사람의 이 지혜와 능력이 어디서 났느뇨.” <마 14:2>에서 “그 신하들에게 이르되 이는 세례요한이라 저가 죽은 자 가운데서 살아났으니 그러므로 이런 권능이 그 속에서 운동하는도다 하더라.” 또한 <눅 4:14>에서 “다 놀라 서로 말하여 이르되 이 어떠한 말씀인고 권위와 능력으로 더러운 귀신을 명하매 나가는도다 하더라.” <눅 6:19>에서 “온 무리가 예수를 만지려고 힘쓰니 이는 능력이 예수께로부터 나와서 모든 사람들을 낫게 함이러라.” <눅 10:19>에서도 “내가 너희에게 뱀과 전갈을 밟으며 원수의 모든 능력을 제어할 권능을 주었으니 너희를 해칠 자가 결코 없으리라.” <딤후 3:17>은 “이는 하나님의 사랑으로 온전하게 하며 모든 선한 일을 행할 능력을 갖추게 하려 함이라”고 하면서, 능력의 의미와 영향력에 대해 설명하고 있다.

위에서 제시된 마태복음 15장 14절의 가르침은 위기 시에는 소경이 소경을 이끌 수 없다는 것은, 능력 있는 리더가 추종자를 이끌어야지 같은 추종자가 추종자를 이끌 수 없다는 것이다. 즉, 소경을 이끄는 사람은 소경이 아니고 앞을 제대로 나아갈 수 있는 위기관리 능력이 있는 사람이어야 구덩이에 빠지지 않는다는 것이다. 걸어가는 길에 어떤 장애물이 있는지, 어떻게 가야 구덩이에 빠지지 않고 목적지에 안전하게 도달할 수 있는지를 인도할 수 있는 사람이 소경을 이끌어야 한다. 조직에서 리더는 소경을 인도하는 사람과 같이 비유될 수 있다. 조직은 유기체와 같아서 여러 가지 환경요인에 의해 영향을 받는다. 리더가 험난한 환경의 위기를 맞이할 때, 이를 잘 극복하고 안전한 방향으로 이끌지 않으면 조직은 쇠락하여 생존하기 어려워진다.

조직의 관점에서 보면, 당연한 말이지만 조직을 이끄는 리더는 추종자들보다는 여러 면에서 우수한 능력을 가지고 있어야 한다는 점을 강조하고 있다. 그래야만 조직의 어려운 위기상황을 극복할 수 있다는 것이다. 이를테면, 교육행정가의 전문성은 정치활동이나 경제활동과는 구분되는 독자성과 특수성을 가지고 있으므로 관련 업무에 있어서는 고도의 지성을 토대로 하는 지적·기술적 수월성이 필요하다(김종철, 1985: 385-386).

리더는 전문적인 능력뿐만 아니라 지능, 민첩성, 언어의 유창성, 독창성, 판단력 등의 능력이 부하들보다는 탁월해야 한다(Stogdill, 1948: 64). 즉 리더는 활동성, 외모, 신장, 체중과 같은 신체적 특성, 학력, 사회적 지위 등과 같은 사회적 배경 능력, 지능, 판단력, 지식, 언어의 유창성 등과 같은 지능 및 능력, 적응성, 열의, 민첩성, 추진성, 자신감, 독창성, 창의력, 의지 등과 같은 인성능력, 책임감, 솔선수범, 과업지향성, 성취동기 등과 같은 과업관련특성 능력, 그리고 매력, 협동성, 위신, 인기, 재치, 사회적 참여 등과 같은 사회적 특성 능력 등 다양한 능력을 소유하고 있어야 한다(조남두 외, 2006: 85-86). 따라서 위기관리의 리더십은 조직의 목표를 달성하는 과정에서 발생하는 위기상황을 리더의 전문성과 탁월한 특성으로 극복하는 리더십이다.

㈜ 충남방적의 이준호(직장인, 1990: 131) 전 사장은 "결코 안일한 자세로는 성공할 수 없다. 자본이나 시설능력도 문제지만 무엇보다 중요한 것은 그를 운용하는 사람의 능력이다. 국제화시대에 부응하기 위해 스스로 자질향상에 노력하는 자세, 즉 프로정신을 갖춘 사람만이 냉혹한 국제사회에서 승리할 수 있다"라고 주장하였고, 럭키석유화학

의 허신구(직장인, 1990: 71) 전 회장도 "근대 산업사회에서 가장 중요한 기업경영자원은 자본이었으나 최근의 정보 시대에 있어서는 정보, 지식, 창조성이 더욱 중시됨에 따라 창조적 인재가 큰 자산으로 부각되고 있다. 그러므로 우리는 급변하는 경영환경에 신속하고 능동적으로 대처할 수 있는 유능하고 진취적인 인재를 조기에 육성, 확보해야 함은 물론, 이러한 우수 인재가 제대로 그 가치를 발휘할 수 있는 조직풍토를 선행시켜야 할 것이다"라고 주장하였으며, 삼성그룹의 이건희(직장인, 1990: 71) 회장은 "국제경쟁은 싸움의 무대가 세계시장이고 싸움의 상대는 바로 세계 일류의 기업가들이다. 그러므로 앞으로는 우수한 평균인 1백 명보다 독특한 창조인 1명이 더 필요하다"고 강조하였다. 또한, ㈜서광의 장익룡(직장인, 1990: 97) 전 사장도 "사람은 어떤 판단을 내릴 때 기분에 치우치는 경향이 짙다. 하지만 일이라는 것은 늘 명확한 판단 아래 결정되어야 하는 것이다. 합리적이라는 것은 가장 올바른 방향으로 몰아가면서 가장 적절한 결정으로 매듭짓게 하는 것이다. 사람이 합리적이기 때문에 부드럽지 못하다는 것은 핑계일 뿐이다"라고 하였고, 한국투자신탁의 홍승환(직장인, 1990: 154) 전 사장도 "모름지기 경영자는 무엇보다도 눈이 밝고 귀가 커야 한다. 사내 여론을 잘 수렴하여 이를 바탕으로 올바른 판단을 내릴 수 있을 때만이 합리적이고 미래지향적인 기업이 될 수 있을 것이다. 이것이 바로 살아있는 기업이 되는 길이다"라며, 합리적 판단 능력을 강조하였다.

이처럼 우수 경영자들은 우수한 능력을 기업의 경영철학으로 제시하였다. 즉 과업에 대한 전문적 능력, 변화에 적응하는 능력, 창조적 능력, 그리고 합리적 판단 능력을 중요시한다. 조직이 발전하기 위해서는 리더가 우수한 능력이 적극적으로 발휘되어야 가능하다. 특히, 조직에 위기가 발생했을 때 그 위기를 극복하기 위해서는 추종자들에게 조직의 방향을 제시하고, 조직의 문제를 해결할 수 있는 가장 중요한 사람은 리더이다. 그러나 무능한 리더의 조직은 끊임없이 다가오는 위기를 극복하지 못하고 좌초할 수밖에 없다. 조직의 환경이 밝을 때도 있지만, 앞이 어두워 캄캄할 때도 있다. 결국, 이것을 극복할 수 있는 중요한 요인 중의 하나는 리더의 우수한 능력이다.

그렇다면 복잡하게 전개되고 있는 현대 사회에서 조직의 리더는 구체적으로 어떤 능력을 갖추고 있어야 하는가? 첫째, 조직의 리더는 자신의 분야에 전문가이어야 한다. 전문가라는 의미는 자신의 영역을 보통 사람들보다 넓고 깊이 있게 잘 알고 있는 사람이다. 즉 자신의 분야에 문제를 깊이 있게 통찰할 수 있는 시각과 더불어 문제해결 능력을 겸비한 사람이라고 할 수 있다. 예를 들면, 교육 리더는 교육 문제를 해결할 수 있는 지적·기술적 전문가이어야 한다.

둘째, 리더는 조직의 원칙을 고수하는 능력이 있어야 한다. 이 원칙은 개인의 삶의 원칙과도 같은 것이다. 조직은 그 존재의 이유, 목적, 이상이 있어야 하는데 이것이 바로 원칙이다. 이러한 조직의 원칙은 특별한 경우를 제외하고 가능하면 언제나 리더가 지켜야 한다. 조직의 원칙을 잘 지키는 리더가 추종자들로부터 권위를 얻을 수 있다. 권위도 하나의 능력이 된다. 진정한 권위는 리더가 원칙을 지키며 청렴결백하게 진리를 추구하고 진리에 겸허하며, 높은 가치관을 갖고 모범적인 생활을 할 때 세워지는 것이다. 그러므로 리더는 조직의 원칙이 사적인 이익 추구로 인하여 깨지지 않도록 해야 한다.

셋째, 리더는 올바른 판단력 및 결단력이 필요하다. 무엇보다도 올바른 판단을 하는데 있어서는 판단과 결정의 장애요인을 극복하는 것이 매우 중요하다. 대부분의 장애요인은 리더가 현실에 대한 지식의 부족과 주관주의적 결정에서 야기된다. 현실에 대한 지식(정보)의 부족은 전체적이고 종합적인 지식에 기반을 둔 판단이 아니라, 리더 자신이나 리더를 따르는 일부 추종자들의 부분적인 지식에 의존하여 판단하기 때문에 발생한다. 그래서 조직의 중요 정책을 결정할 때는 리더 자신의 경험과 다른 조직들의 경험, 외국의 경험 등을 참고할 필요가 있다. 다른 조직의 경험을 무시하거나 무분별하게 모방하는 태도는 올바른 의사결정을 하지 못하게 하는 원인이 되기도 한다. 따라서 유능한 리더가 되려면 의사결정을 할 때 리더 자신의 부분적인 경험과 남의 경험을 분석적이고 종합적으로 활용하는 지혜가 필요하다.

특히 리더의 주관적인 판단은 냉철한 과학적 분석을 방해한다. 대체적으로 주관적 판단의 모습은 '그러면 좋겠다'의 방식이다. 올바른 판단은 정확한 정보를 확보한 후, 과학적 분석을 통해 결정하는 과정이다. 이러한 과정에 주관적인 감정, 선호, 사적인 인간관계가 개입되면 정확한 의사결정을 하기가 어렵게 된다. 조직의 리더에게 있어 결단력은 올바른 정책이나 인사를 단행하게 하는 중요한 요소가 된다. 올바른 판단을 하기 위해서는 주변 상황에 의한 심리적 동요로 인하여 흔들림 없이 적극적으로 추진해나가는 결단력이 있어야 한다.

리더의 결단력 부족은 주체적 경영을 상실하여 상부기관에 눈치를 보거나 앞으로 일어날 좋지 못한 일들을 미리 생각하여 고민하고 불안해하며 소극적이고 무사안일주의에 빠지는 오류를 범하기 쉽다. 특히 조직을 죽이는 무능한 리더는 이런 오류에 빠져 자리를 연명하기에 급급하다. 그러는 동안에 조직의 추종자들은 활력과 사기는 떨어지고, 결국에는 추종자들도 무능한 리더의 모습을 닮아가게 된다.

넷째, 조직의 목표를 달성할 수 있도록 구체적인 계획을 수립할 수 있는 능력이 필요하다. 리더는 일반적인 것과 개별적인 것을 결합시키는 지도 원칙으로 일반적, 전체적 계획을 세우고, 그것을 올바르게 통합시키는 능력을 가지고 있어야 한다. 우선, 리더는 계획에 대한 시간과 공간을 갖는 전체적인 계획을 세운다. 그 전체계획은 다시 소단계로 나누고, 이 소단계는 각각의 다른 구체적인 부분을 갖는다. 그래서 전체계획은 여러 가지 측면으로 다소 복잡하게 구성된다. 이것이 바로 전략이고, 각 부분은 전술이 된다.

전략은 장기적이고, 전체적이고, 광범위하게 걸쳐 있으며, 반면에 전술은 단기적이고, 부분적이고, 적은 범위에 걸쳐 있다. 전술은 전략의 한 부분이다. 전략과 전술은 수직적·상하적 관계로 보기보다는 상호 보완적인 관계로 보아야 한다. 그러나 전술은 전략을 통해서 나오는 것이므로 전술적인 성공만으로는 전략적인 성공을 거두기 어렵다. 전술은 성공적 전략을 위한 방법이다.

우수한 전체 전략은 이론을 활용할 수 있다. 특히 이론은 기회주의적 경향이 농후하고 실천 활동이 좁은 범위에 있을 때 더욱 필요하다. 이론은 문제의 현상을 설명하고 예상할 수 있는 힘을 가지고 있기 때문에 리더는 이론을 적극 활용할 수 있어야 한다. 그러므로 리더는 자신의 전문적 능력을 확보하기 위해 지식의 습득을 계속해야 한다. 리더로 살아남기 위해서는 자신이 보유한 능력에 의존하기보다는 새로운 능력을 개발해야 한다(거름 편집부, 1984).

급박했던 한 위기관리 능력을 발휘하여 슬기롭게 위험을 해결한 한 일본 조종사의 좋은 사례기사를 살펴보자. 지난 2007년 3월 13일 일본에서 ANA 여객기가 랜딩기어 고장으로 앞바퀴가 내려오지 않은 상황에서 동체착륙을 시도하는 장면이 NHK를 통해 생방송으로 보도된 사건이 있었다. 그러나 아무런 사상자나 화재가 발생하지 않았을 뿐 아니라, 기장의 침착한 대응으로 항공기 탑승자, 미디어 시청자들의 비난의 목소리보다는 칭찬의 목소리가 높았다. 승객 56명과 승무원 4명을 태운 ANA 소속의 74인승 봄바르디에 DHC-8 프로펠러 여객기는 13일 오전 오사카공항을 이륙해 코우치 공항으로 향하던 중이었다. 도착 예정 시각 6분 전인 8시 49분 기장은, 앞바퀴가 나오지 않는다는 사실을 확인하게 된다. 주요 언론보도를 기반으로 숨 막히는 동체착륙 드라마를 가상의 시나리오를 다음과 같이 다시 엮어 보았다.

(오전 8시 49분)

기장 : "관제탑!, 중대한 고장이 발견되었다. 앞바퀴가 나오지 않는다."

관제탑: "바퀴가 나왔는데 기내에서 인지하지 못한 것일 수 있으므로 일단 활주로 위를 저공 비행해 봐라"

(오전 9시17분)

저공 비행을 했지만 역시 바퀴는 나오지 않는다. 기장은 일단 상공을 선회하기로 결정한다. 상공 선회는 한 시간 넘게 이어진다. 기내가 술렁이기 시작한다. 불안해하는 승객에게 기장이 기내 방송을 한다.

기장: "여러분, 앞바퀴가 나오지 않아 선회하고 있으나 만일 동체착륙을 하게 되더라도 평소에 훈련을 했기 때문에 문제없습니다. 안심하세요."

기내는 다시 평온을 되찾는다.

(오전 10시 26분)

기장은 10시 26분 제1차 시도를 감행한다. 기장은 "뒷바퀴의 착륙 충격으로 혹시 앞바퀴가 (저절로) 나올지 모른다"는 생각을 하고, 착륙을 감행했으나, 여전히 앞바퀴가 나오지 않아 상공으로 다시 상승한다.

이제 동체 착륙밖에 없다!

상공을 선회하면서 기장은 비상착륙 시 혹시나 발생할지 모를 화재에 대비하고 기체를 가볍게 하기 위해 일단 여객기 안의 기름 대부분을 바다에 버린다.

다시 공포에 휩싸인 일부 승객들은 메모지나 명함 뒤에 가족에게 남기는 글이나 기내에서 일어난 일들을 적기 시작한다. 소방차 수십 대와 구급차의 사이렌 소리가 울려 퍼지고 자위대 요원들까지 긴급 출동해 침을 삼키며 활주로 옆에 대기한다. 탑승객을 마중 나왔던 친척이나 친지들은 비상사태임을 뒤늦게 감지하고 공항 터미널에서 눈물을 흘리며 기도한다.

(오전 10시 50분)

기장: “앞으로 연료가 10분밖에 남지 않았습니다. 동체 착륙을 시도합니다. 다시 한 번 말하지만 전 평소에 (이런 상황에 대비해) 많은 훈련을 했습니다. 안심하세요.”

승객들은 냉정을 되찾는다. 승무원들의 지시에 따라 앞자리와 뒷자리에 몰려 앉아 두 손을 이마에 대고 낮은 자세로 구부린다.

(오전 10시 54분)

뒷바퀴가 활주로에 닿는다. 흰 연기가 올랐지만 기수는 위에 뜬 상태였다. 그리고 10여 초 후 드디어 기수가 활주로로 내려온다.

“쿵, 쿵, 쿵”. 3~4차례에 걸쳐 기수는 지면과 마찰을 일으키며 불꽃이 일어난다. 아슬아슬한 순간에 긴장이 흘렀다. 그러나 수초 후 속도가 떨어진 여객기는 멈춰 선다. TV에서는 “성공입니다. 성공입니다”

라는 흥분된 목소리가 반복된다. 환호는 기내 승객들로부터도 터져 나왔다. 여객기가 멈춰 서자 승객들은 일제히 손뼉을 치며 환호한다. 방송을 진행하던 기자는 거의 울먹거린다. 소방차가 달려와 여객기 동체에 물을 발사해 동체를 식히는 등 긴급 안전조치를 취했고, 5분 후 한 명의 부상자도 없이 모든 승객들은 안전하게 기내를 빠져나온다.

출처: http://www.google.co.kr

상기 사례를 통하여 위기가 발생하였을 때 리더인 기장의 능력과 태도가 얼마나 중요한가를 알 수 있다. 기장으로서의 승객을 안심시키는 침착성, 기장으로서의 기술적 능력, 상황에 대한 정확한 판단 능력, 관제탑과의 의사소통 능력 등이 조화롭게 어우러져 많은 생명을 안전하게 위기에서 구할 수가 있었다.

이러한 관점에서 볼 때, 리더는 조직의 효과성을 확보하기 위해서 신체적 능력, 사회적 능력, 지능 및 능력, 인성 능력, 과업관련 능력, 사회적 능력 등 다양한 측면의 우수한 능력을 가지고 있어야 한다. 다양한 능력을 겸비하지 않고, 단지 경력이 많다고 해서 리더가 될 수 있는 것은 아니다. 리더가 능력을 가지고 있어야 위기의 극복뿐만 아니라, 추종자들로부터 신뢰와 존경을 받을 수 있다. 따라서 조직의 리더는 자신의 다양한 능력 개발을 위해 끊임없이 노력해야 한다.

학교조직의 위기관리의 리더십을 위하여

학교조직에서 우수한 학교장은 위기관리 능력이 뛰어나다. 학부모와 학생의 요구가 많은 오늘날의 도시에 학교들은 여러 가지 문제로 갈등이 야기되고 있다. 위기관리의 리더십이 가능한 학교장은 갈등의 문제를 교사나 학부모의 문제로 돌리기보다는 자신의 경험과 능력으로 해결한다. 학교조직의 행정력은 학교장의 전문성과 풍부한 교육적 경험에서 나온다. 따라서 학교장은 위기능력을 확보하기 위해서 평소 교육적 경험을 소중히 하고, 교육의 전문성을 확보하는 것이 요구된다.

또한, 학교조직에서 발생하는 크고 작은 문제의 해결은 학교장 혼자서 해결할 수 없다. 교사와 함께, 학부모와 함께 하는 학교운영위원회에서 토론하고 지혜를 구하는 태도가 요구된다. 학교문제를 독단으로 결정하고 해결하려고 하기보다는 교육 공동체가 함께 해결하도록 노력하는 것이 중요하다. 이런 점에서 위기관리의 리더십을 발휘하기 위해서 학교장은 학교문제를 학교 운영공동체나 교사들에게 공개하여 적절한 해결 방안을 토론하여 결정하는 것이 바람하다.

학급의 경영자인 교사도 매일 크고 작은 문제에 봉착하게 된다. 교사도 학생과의 문제에서 교사의 일방적인 태도로 결정하는 경우에 때로 어려움에 직면할 수 있다. 문제가 발생할 때는 어떤 결정을 해야 학생에게 도움이 되는지 교육적·합리적 방안을 선택해야 한다. 때로는 학생들이나 학부모들과 대화하고, 동료 교사에게 조언을 구해서 지혜롭게 결정하는 것이 중요하다. 위기를 두려운 나머지 문제를 은폐하여 더 큰 문제로 야기되는 경우가 종종 발생한다. 위기관리의 리더십을 발휘하기 위해서는 학생의 사적인 문제나 인권에 관한 문제가 아니라면 합리적인 결정을 위해 문제를 공개하여 지혜를 구하는 것도 하나의 방법일 수가 있다. 따라서 교사도 다양한 교육적 경험과 식견을 통하여 위기관리 능력을 확보하는 것이 필요하다.

위기관리의 리더십 향상을 위한 점검 사항

1. 리더 자신은 전문 능력이 어느 정도인지 알고 있는가? 또한 구체적으로 어떤 능력이 부족한지 알고 있으며, 부족한 능력을 높이기 위해 어떤 노력을 하고 있는가?

2. 리더 자신은 위기관리 리더십의 중요성을 얼마나 인식하고 있는가?

3. 리더 자신은 위기관리의 리더십을 발휘할 능력이 충분한가? 만약 부족하다면 이에 대한 대비책을 평소에 얼마나 강구하고 있는가?

4. 리더 자신이 위기를 슬기롭게 극복한 경험이 있는가? 있다면 어떻게 극복했는지, 그렇지 못했다면 원인이 무엇인지 분석해보자.

제3절 의사소통의 리더십

34 독사의 자식들아 너희는 악하니 어떻게 선한 말을 할 수 있
느냐 이는 마음에 가득한 것을 입으로 말함이라 35 선한 사람은
그 쌓은 선에서 선한 것을 내고 악한 사람은 그 쌓은 악을 악에서
악한 것을 내느니라 36 내가 너희에게 이르노니 사람이 무슨 무
익한 말을 하든지 심판 날에 이에 대하여 심문을 받으리니 37 네
말로 의롭다 함을 받고 네 말로 정죄함을 받으리라

마태복음 12장 34절-37절

예수는 그리스도인에게 말하기를 선한 말을 하는 사람은 선한 행동을 하지만, 악한 말을 하는 사람은 악한 행동을 하게 되어, 심판 날에 말이나 행동에 대해 설명할 의무가 있고, 의는 항상 말과 행동으로 이루어진다고 말한다. 즉, 인간의 정당한 말(선한 말)은 인정을 받게 되지만 근거 없이 하는 무익한 말(악한 말)은 죄가 되어 심판을 받게 된다는 것이다. 여기서 예수는 모든 말의 표현에 대한 중요성을 환기시키고, 악한 말뿐만 아니라 책임 없는 말이나 경솔한 말에 대해 경고하고 있다.

말의 역할은 타인과의 의사소통이다. 선한 말(good words)이 의사소통에 중요한 요소가 된다. 따라서 타인과 소통을 하여 좋은 결과를 내기 위해서는 선하고 정당한 말이 필요하다. 예수의 가르침에 따른 의사소통이란 남을 비방하거나 악하지 않은 선한 말로 타인과 소통하는 것이라고 정의할 수 있다. 선한 말이 의로움이 된다.

우리 속담에도 '오는 말이 고와야 가는 말이 곱다'라는 말이 있다. 말이 얼마나 중요하다는 것을 단적으로 말해준다. 사람 간의 관계는 거의 대부분 언어로 이루어진다. 특히, 예수는 위의 가르침처럼 말의 중요성을 리더에게 깊이 인식시켜 주고 있다. 악한 말은 타인을 악하게 하고 불행하게 하는 일절의 언어라고 할 수 있다. 즉, 타인의 감정을 상하게 하는 말, 사실을 왜곡시키거나 모함하는 말, 속이는 말, 정의롭지 못한 말, 명확하지 않는 말 등 언어를 통하여 발생되는 불합리하고 부정적인 모든 것이라고 할 수 있다. 말의 부정적인 결과는 단순하지 않다. 예수는 심판에 이른다고까지 말하고 있다. 조직에서 말의 피해는 단순히 인간관계의 손상에서 머무는 것이 아니라, 타인의 영혼까지 손상을 주고 나아가서 조직의 공멸까지 초래할 수 있음을 경고하고 있다.

조직의 관점에서 말은 리더와 추종자 간의 의사소통의 수단이 된다. 조직의 의사소통은 조직 추종자들의 여러 가지 문제를 서로 교환하는 중요한 의미를 가진다. 좋은 의사소통은 조직의 갈등이나 문제를 해결하고, 추종자들 간의 우애와 결속력을 강화하고, 나아가 조직의 활력소 같은 역할을 한다. 말이 잘 이루어진다는 것은 의사소통이 잘 이루어져 조직의 과업이 원활하게 전개되고 있다는 것이다. 의사소통을 흔히 신체의 혈액순환에 비유하기도 한다. 신체에서 혈액순환이 잘 이루어지지 않으면 병이 생겨 마침내 사망할 수도 있다. 조직도 의사소통이 잘 이루어지지 않으면 신체와 같은 상황이 전개될 수 있다.

Stogdill(1948: 64)은 리더의 자질 중에서 언어의 유창성을 중요한 요소로 제시하였다. 의사소통은 구성원들 간의 정보, 아이디어, 이해 또는 느낌을 전달함으로써 서로의 생각과 감정을 이해할 수 있다. 이는 의사결정을 합리화하고 효율적으로 수행하는데 도움을 주며, 내용이 정확히 이해되고 신속하고도 적절하게 이루어지게 한다(Mondy, 1990).

효과적 의사소통 기술로는 전달 내용이 명료하고 전달시기와 빈도가 적절하고, 발신자와 수신자의 상호 관심이 높고, 전달하는 내용이 적절하고, 의사소통이 일관되어야 한다. 정보의 정확성과 의사소통의 개방성 및 의사소통의 빈도가 의사소통의 질을 결정한다(Downs, 1977). 대부분 의사소통에 대한 연구의 결과에서, 학교행정가의 과업 중 70%가 의사소통에 할애되고 있다고 제시하고 있으므로 의사소통은 행정에서 가장 중요한 과업 중의 하나라고 볼 수 있다(Pitner & Ogawa, 1981; Kmetz & Willower, 1982). 따라서 의사소통의 리더십은 조직의 목표를 효과적으로 달성하기 위해 리더가 추종자들에게 합리적인 의사소통 능력을 행사하는 리더십이다.

뛰어난 의사소통자인 미국의 40대 대통령인 도널드 레이건(동아일보사, 1987: 28-29)은 이미 고등학교와 대학교에 재학할 때부터 무대에 서서 청중과 대화하고 청중을 사로잡는 기술을 터득하기 시작했다. 대학을 졸업한 후 1966년까지 할리우드의 영화배우로 활약하면서 라디오의 스포츠담당 아나운서 역할도 겸하는 등, 매스컴 시대의 지도자로서의 자질을 개발해 왔다. 그러한 경험이 그를 역대 대통령 중 가장 국민과 효과적으로 대화를 이룬 "위대한 커뮤니케이터(The Great Communicator)"라는 칭호를 듣게 한 밑거름이 되었다.

도널드 레이건은 대통령이 된 후에 사회 정책의 실패로 인한 국민의 비판을 받았음에도 불구하고 제퍼슨의 말과 같이 '만일 국민에게 모든 것을 알린다면 그들은 모든 문제를 풀어나갈 것'이라는 신념을 갖고 '위대한 커뮤니케이터'로서 실의에 빠졌던 미국의 정신을 되살리는 데 구심적 역할을 하였다. 결국 의사소통이라는 것은 조직의 구성원들 간에 서로 교제하는 것이다. 그것이 바로 의사소통이다. 교제를 통하여 서로 이해하고 문제의 해결점을 모색하는 것이다. 또한, 미국 경영학의 아버지로 불리는 피터 드러커도 경영상에서 발생하는 모든 문제의 60%가 잘못된 의사전달 때문이라고 하였다.

세계 최대의 컴퓨터 기업인 IBM의 토마스 왓슨 2세(동아일보사, 1987: 164)도 기업이 성공에 이르는 비결을 "조직의 변혁기에 파생하는 문제를 해결하기 위해서는 상하 쌍방의 원활한 의사소통이 이루어져야 한다"면서, 의사소통을 경영철학으로 제시하였다.

이상철(직장인, 1990:24) 전 국민 은행장도 "무엇보다도 조직 내의 의사소통이 원활하게 이루어져야 할 것이며, 직원 모두가 자신감과 애행심(愛行心)을 가지고 창의적인 기량을 마음껏 발휘할 수 있도록 활기에 찬 우리의 사고와 행동이 확산되어야 할 것이다"라고 하면서, 원활한 의사소통을 자신의 경영철학으로 제시하였다.

리더는 조직의 의사소통이 잘 이루어지기 위해 다음과 같은 점에 유의해야 한다. 첫째, 리더 자신이 말을 신중하게 해야 한다. 의사소통은 동료 간의 의견 또는 감정의 교환을 통해 공통의 이해를 갖기 위해 하는 것이기 때문에, 리더는 말과 행동에 유의해야 한다. 리더의 언행은 추종자들의 행동을 통제하는 기능뿐만 아니라 정보를 전달하는 중요한 기능을 한다. 특히 말의 표현은 매우 중요한 기능을 한다. 우리 속담에 "말 한 마디에 천 냥 빚을 갚는다"라고 한 것처럼 말 한마디의 위력은 대단하다. 어떤 상황이 전개되었을 때 리더가 추종자들에게 말을 어떻게 하느냐에 따라 그 결과는 매우 달라질 수 있다.

예를 들어, A라는 한 부하직원이 업무를 실수한 경우에 그를 이해하고 위로의 말을 건네는 김 부장과, 잘못한 부분을 낱낱이 지적하며 비판을 가하는 이 부장 간의 리더십의 영향력 차이는 상당히 다를 수 있다. 물론 피전달자의 성격에 의한 수용의 정도에 따라 그 결과는 다를 수도 있으나, 일반적으로 전자의 경우는 리더십을 효과적으로 발휘하는 리더, 추종자를 배려하는 리더로 인식하지만, 후자의 경우는 그 반대의 리더로 인식될 것이다. 리더가 행하는 배려의 말은 추종자로 하여금 안정감을 가지게 할 뿐만 아니라, 일에 대한 자신감을 가지게 하여 매사를 적극적으로 행동하게 하는 힘이 된다.

둘째, 리더와 추종자 간의 메시지가 명확히 교환되는 기술을 터득해야 한다. 우선, 말을 정확히 전달하기 위해서는 ① 상황에 적절하고 직접적인 언어를 사용해야 한다. ② 수신자에게 명확하고 안정한 정보를 제공해야 한다. ③ 물리적 및 심리적 환경에서 오는 소음은 최소화하여야 한다. ④ 다양하고 적절한 매체를 사용해야 한다. ⑤ 복잡하거나 애매모호한 메시지를 전달할 때는 대면적 의사소통과 다양한 매체가 사용되어야 한다. ⑤ 청취하는 기술도 중요하다. 청취기술을 높이기 위해서는 상대의 눈을 맞추고 상대를 응시하는 행동은 관심을 가지고 있고 집중하고 있다는 것을 나타낸다. ⑥ 그 외에 상대의 말에 관심을 가지고 있음을 보여주는 비언어적인 신호로 고개 끄덕이기, 자연스러운 자세, 가벼운 미소, 즐거워 보이는 표정, 상대자의 말을 들을 때는 다른 생각을 하지 않고 집중하는 태도 등이 포함된다. ⑦ 이 밖에 메시지를 정확히 이해하기 위해 질문하기, 의사소통을 격려하기 위해 격려하기, 현재하고 있는 말을 집중하고 이해하고 있다는 태도를 보여주는 부연설명하기, 서로의 대화를 포용하는 태도의 감정을 표현하기, 장시간의 대화의 내용을 정확하고 간단하게 개요의 형태로 조직하는 요약하기 등이 필요할 것이다(Hoy & Miskel, 1996: 367–368).

셋째, 리더 자신이 한 말은 반드시 행동으로 보여주어야 한다. 때로는 말보다는 행동이 더 진실을 확보할 수 있다. 진실한 의사소통이 이루어져야 상하 간에 믿음이 생긴다. 그러한 신뢰가 바탕이 된 리더십은 위기에 강한 응집력과 생명력을 확보할 수 있다.

넷째, 조직의 올바른 정보의 교환과 의견이 소통될 수 있는 분위기를 조성하여야 한다. 리더 자신이 조직을 운영하는 데 있어서 추종자들에게 의견을 수렴하고, 추종자의 의사결정을 존중하고, 추종자들 간의 원활한 의사소통을 위해 경직된 분위기가 아닌 명랑한 분위기를 조성하도록 노력해야 한다. 이것은 리더가 평소에 어떠한 방식으로 추종자들과 의사소통을 했느냐에 따라 결정되기 쉽다.

반면에, 의사소통을 잘하지 못하는 리더는 권위적이고 독선적이어서 추종자의 의견을 들으려 하지 않고 자신의 의견만을 지시하고 명령한다. 그러한 조직의 분위기는 경직되어서 정보의 교환이나 공유가 적절이 이루어지지 않아 조직의 능률성과 효과성은 감소한다. 특히 일방적인 의사소통은 상대가 귀담아 듣지 않으려는 태도를 가지기 때문에 쌍방의 의사소통이 이루어지도록 해야 한다. 지도자와 추종자 간의 효과적인 의사소통은 조직의 성과에 중요한 영향을 미친다. 효과적인 의사소통은 조직의 상하 간에 친밀성을 갖게 하고 긴장감을 어느 정도 완화시켜 줄 뿐만 아니라, 조직을 인화단결하게 하여 조직의 경쟁력을 강화시킨다. 의사소통은 마치 몸속에 있는 혈액과 같아서 순환이 원활히 이루어지지 않는다면 조직의 불협화음으로 발생한다.

의사소통을 통한 좋은 성공사례에 대한 한 기사 내용을 살펴보자. 사내에서 계급장을 떼자는 사내 커뮤니케이션은 불황으로 침체된 분위기를 개선해 자칫 발생할 수 있는 이직을 막을 뿐 아니라 사원들의 주인의식을 향상시키고 다양한 아이디어를 수용할 수 있는 기회로 활용되고 있어서 국내 기업들의 벤치마킹 대상이 되고 있다. 직장에선 계급장을 떼고 대화를 해야 사내 커뮤니케이션이 성공할 수 있다.

한 외국계 컨설팅 전문가는 한국의 수직적인 기업문화가 수평적인 관계로 바뀌어야 한다고 조언한다. 김근태 열린 우리당 의원이 아파트 분양원가 공개를 둘러싸고 공약파기 논란이 빚어지자 노무현 대통령을 향해 "계급장을 떼고 논쟁을 벌여보자"고 말한 적이 있다. 정치권에서도 '계급장'이 커뮤니케이션의 가장 큰 걸림돌임을 역설적으로 강조한 것이다. 그렇다면 회사에서 직급이라는 계급장을 떼면 대화가 잘 되고 생산성이 올라갈까? 제일모직의 성공사례를 보면 "그렇다"고 확실하게 답변할 수 있다. 관행을 깨고 자유로운 의견을 나누는 제일모직 갤럭시 사업부의 노만장 부장은 매월 마지막 주 수요일을 손꼽아 기다린다고 한다. 이날 오후에 열리는 '업적 평가회의' 때문이다. 지난해까지만 해도 업적 평가회의는 상사에게 꾸지람을 듣는 자리로 여겨졌다. 하지만 올해부터는 회의에 가벼운 맥주가 곁들여지기 시작했다. 회의장에서는 '계급장'도 떼어버렸다. 자유로운 분위기에서 할 말은 하도록 하자는 배려다. 자유롭게 서로의 성공 및 실패 사례를 나누다 보면 시간 가는 줄 모를 정도로 재미있다는 게 노부장의 생각이다. 대화의 분위기가 자유롭다 보니 실패사례에 대한 분석도 깊게 이뤄진다.

2007년 3월 대전지역 집중 폭설로 협력업체의 기계설비가 파손돼 신사복 납기가 지연되는 일이 발생했다. 과거 같으면 책임을 회피하기 위해 자연재해로 치부하고 넘어갔을 일이다. 하지만 부드러운 분위기 속에 머리를 맞대고 대화를 나누다 보니 협력업체가 풍수재해보험에 가입했으면 납기 지연에 따른 보상청구를 할 수 있었다는 사실을 알 수 있었다. 영업팀이 일기예보와 함께 날씨에 맞는 상품을 제안하는 엽서를 단골고객들에게 발송해 판매실적을 두 배나 신장시켰다는 성공사례가 발표됐을 때 회의 참석자가 모두 자리에서 일어나 '건배'를 외치기도 했다. 제일모직이 이렇게 변화하기 시작한 건 올해 초 부임한 제진훈 사장이 조직 내 의사소통을 '훌륭한 일터 만들기' 캠페인의 첫 번째 과제로 삼았기 때문이다. 자유로운 분위기에서 의사소통이 이뤄져야 직원들 한사람 한사람의 역량을 최대한 끌어낼 수 있다는 판단에서다. 제사장은 이를 위해 '아이디어 경영'을 화두로 던졌다. 기존의 관행을 깨고 전혀 새로운 방식으로 일해 보자는 의미이다. 회의에 맥주를 곁들여 살아있는 커뮤니케이션 문화를 만들자는 것도 제사장의 머리에서 나온 아이디어였다. 아이디어는 꼬리에 꼬리를 물고 쏟아져 나왔다.

사장과 직원들 간의 '도시락 간담회'도 그중 하나이다. 임원에서 말단사원까지 계층별로 돌아가며 갖는 간담회에서 제사장과 참석자들은 함께 도시락을 먹으며 격의 없이 이야기를 나눈다. 현업 부서의 어려운 점과 건의 사항이 거침없이 쏟아져 나오고 그 자리에서 해결책을 도출하기도 한다. 제사장은 "글로벌 경쟁력을 갖추기 위해서는 실시간 정보공유를 통해 전 임직원이 한 방향으로 나아갈 수 있어야 하며 조직 내 의사소통이 물 흐르듯 해야 한다"고 강조한다. 사내 커뮤니케이션 강화로 불황을 이겨낸 세계적인 경쟁력을 가진 외국 기업들은 제일모직과 같은 사내 커뮤니케이션을 한층 강화하고 있다. 이는 주한 외국 기업들의 사례를 통해 알 수 있다. 이들 기업들은 불황을 이겨내는 방법으로 사내 커뮤니케이션 강화에 나섰다. 비디오 게시판을 설치해 각 부서의 중요사항을 전 사원이 공유하게 하는가 하면 대리급 사원들로 젊은 이사회를 구성해 회사 경영전반에 대한 의견을 듣기도 한다. 또 경영진들의 현장체험도 마다하지 않는다.

이 같은 사내 커뮤니케이션은 불황으로 침체된 분위기를 개선해 자칫 발생할 수 있는 이직을 막을 뿐 아니라 사원들의 주인의식을 향상시키고 다양한 아이디어를 수용할 수 있는 기회로 활용되고 있어 국내 기업들의 벤치마킹 대상이 되고 있다. 한국 필립모리스는 최근 사내에 비디오 게시판을 설치했다. 본사와 양산공장의 주요사항들(생산량, 판매량, 경쟁사별, 브랜드별 시장점유율 등)을 직원들이 언제든 볼 수 있도록 하기 위해서이다. 현재 서울본사에 4군데 비디오가 설치됐으며 5월 1일부터는 양산공장과 각 영업사무실에도 확대 운영하고 있다. 솔루션업체인 SAP코리아는 대리급 사원들로 구성된 "젊은 이사회 프로그램"을 운영하고 있다. 두 달에 한번 씩 열리는 "젊은 이사"들은 사장과 함께 허심탄회하게 회사 경영전반에 대해 이야기를 나누고 아이디어를 개진한다. 고객만족과 사원만족을 동시에 실현하자는 UP&UP캠페인을 비롯하여, 사원-사장 간 핫라인 설치, 사우회 조직, SAP데이(day) 축제 등은 이 프로그램을 통해 나온 결과물들이다.

택배 전문회사인 Fedex코리아의 캐리어 라이드 제도도 대표적인 사내 커뮤니케이션 사례이다. 신입 사원, 매니저, 경영진들이 현장 직원과 함께 유니폼을 입고 직접 배송을 경험케 하는 제도로 서로의 업무를 이해하자는 취지에서 시작되었다. 매주 정기적으로 시행되는 이 제도를 통해 본사 직원들이 캐리어들의 배송시 애로사항과 고객들의 반응을 파악할 수 있어 좋은 호응을 얻고 있다. 필립모리스의 한 관계자는 "경기가 좋지 않을 땐 내부직원의 결속을 다지는 일이 중요하다"며 "사내 커뮤니케이션의 활성화를 통해 직원들의 회사에 대한 이해와 충성도가 높아지고 있다"고 말했다. 회사 내에서 사장과 대리 사이에 있는 계급장은 의사소통을 막는 '마음의 벽'이 아니라 서로를 아껴주고 존경하는 경륜과 패기에 대한 표식(票識)이어야 한다.

출처: http://www.google.co.kr

이처럼 의사소통은 마치 인체에 기가 잘 흐르지 않으면 몸이 건강하지 못하여 탈이 나듯이 조직 전체를 원활하게 소통하는 중요한 에너지이다. 조직에 흐름이 막힐 때는 의사소통이 막힌 것이고, 그것을 뚫는 것도 의사소통이다. 따라서 효과적인 조직이 되기 위해서 리더는 조직에 언제나 원활한 의사소통이 이루어지도록 리더와 추종자가 서로 개방된 분위기와 네트워크를 조성하고, 의사소통이 신속하고 정확하게 이루어져서 의사소통의 질을 높일 수 있는 리더십을 발휘해야 한다.

학교조직의 의사소통의 리더십을 위하여

학교장이 리더십을 발휘하는데 있어서 특히 긴장하고 유의해야 할 리더십이 바로 의사소통의 리더십이다. 학교조직은 교육조직이기 때문에 거의 모든 과업이 언어로 이루어진다. 따라서 학교장의 말은 학교조직에서 항상 중요한 이슈가 된다. 같은 업무의 내용을 어떻게 말을 하느냐에 따라서 교사들의 태도가 달라진다. 예를 들면, 학교업무의 지침을 교사들에게 예의와 존중을 가지고 전달했느냐, 권위적으로 전달했느냐에 따라 교사들이 그 지침에 대하는 태도가 달라진다. 그러므로 학교장은 교사와의 의사소통에서 유의해야 한다. 언어의 표현방식, 분명한 표현, 적절한 용어 등을 고려하여 표현하여야 한다. 특히, 수평적인 학교조직에서 학교장이 권위의식을 가지고 교사들에게 대하면 소통이 이루어지지 않아 학사일정에 문제가 발생하게 된다. 학교장은 의사소통의 중요성을 인식해야 한다. 교사와의 의사소통에 문제가 발생하면 학교장과 교사 간의 인간관계가 악화된다. 따라서 학교장은 교사와 친밀한 관계를 유지할 수 있도록 다양한 소통 채널을 확보하고, 무엇이 문제인지 점검하는 자세가 필요하다.

교사도 학생을 대할 때 친절하고 부드러운 말로 소통해야 한다. 학생들은 교사의 말에 항상 민감하다. 학급 학생들과 소통이 안 되면 학급을 효율적으로 운영하기 어려워진다. 개방적이고 민주적인 소통 문화를 형성해나가는 것이 필요하다. 교사는 학생 개개인의 특성과 형편을 헤아려서 소통하는 것이 중요하다. 개성이 강한 요즈음의 학생을 전통적인 방식으로 소통하려 한다면 학생들과의 세대 차이를 느껴 학생들이 교사를 멀리하게 된다. 따라서 교사는 학급경영에서 의사소통의 중요성을 깊이 인식하고, 항상 학생들과 소통의 장애가 무엇인지 살펴보고, 원활한 소통을 위해 계속 노력해야 한다. 예를 들면, 학급 카톡방을 만든다든지, 이메일을 주고받는다든지 하여 원활한 소통을 통해 효율적인 학급 운영이 이루어지도록 해야 한다.

의사소통의 리더십 향상을 위한 점검 사항

1. 리더 자신은 의사소통의 수단인 언어 구사력이 우수한가?

2. 리더 자신은 매일 조직의 의사소통 망(network)에 문제가 없는지를 확인하는가?

3. 리더는 추종자들과의 의사소통에 문제가 있을 때, 그것을 해결할 수 있는 구체적인 의사소통 기술을 소유하고 있는가? 또 의사소통 능력을 높이기 위한 노력을 하고 있는가?

4. 리더는 조직의 의사소통의 중요성을 인식하여, 원활한 의사소통 분위기 조성을 위한 노력을 하고 있는가?

5. 리더는 편협한 의사소통 채널이 아닌, 추종자들과 격의 없는 다양한 의사소통 채널을 가지고 있는가?

제4절 봉사의 리더십

10 또한 지도자라 칭함을 받지 말라 너희 지도자는 하나이니 곧 그리스도니라 11 너희 중에 큰 자는 너희를 섬기는 자가 되어야 하리라 12 누구든지 자기를 높이는 자는 낮아지고 누구든지 자기를 낮추는 자는 높아지리라

마태복음 23장 10절-12절

예수의 가르침은 큰 자가 되고자 하는 자는 우선 "섬기는 자"가 되어야 한다는 것이다. 현재에 자신을 높이는 것은 나중에 낮아지는 결과가 되고, 반면에 지금 자신을 낮추는 것은 미래에 높아지는 결과가 된다는 것이다(채천석 역, 2000: 1023-1025). 그것은 나 자신을 높이는 자가 아닌 남을 높이는 자, 즉 남을 위해 봉사하는 자, 섬기는 자이다. 결국 지도자가 되길 원하면 남을 먼저 섬겨야 하고, 그 섬김이 지도자의 역할을 하게 만든다는 의미이다.

봉사는 남을 나보다 높게 여기고 섬기는 것이다. 나보다 남의 이익을 우선하여 행하는 것이다. 영어성경은 '섬기는 것'을 humble로 표현하고 있다. 이는 자신을 남보다 낮추는 것을 말한다. 따라서 봉사란 어떤 편익을 위해 나보다 남을 높여서 주인처럼 섬기는 것이라고 정의할 수 있다. 지도자는 추종자를 섬기는 사람이다.

신약성서는 여러 곳에서 봉사를 강조한다. 예를 들면, <고후 9:12>에 "이 봉사의 직무가 성도의 부족한 것을 보충할 뿐 아니라 사

람들이 하나님께 드리는 많은 감사를 인하여 넘쳤느니라." <벧전 4:10> "각 은사를 받은 대로 하나님의 여러 가지 은혜를 맡은 선한 청지기 같이 봉사하라." <빌 3:3> "하나님의 성령으로 봉사하며 그리스도 예수로 자랑하고 육체를 신뢰하지 아니하는 우리가 곧 할례당이라." <벧전 4:11> "만일 누가 말하려면 하나님의 말씀을 하는 것 같이 하고 누가 봉사하려면 하나님이 공급하시는 힘으로 하는 것 같이 하라 그리스도로 말미암아 하나님이 영광을 받으시게 하려 함이니 그에게 영광과 권능이 세세에 무궁하도록 있느니라." 봉사는 선한 것이며, 은혜이며, 또한 하나님의 권능이기도 하다.

마태복음 23장 10절~12절의 가르침을 조직의 관점에서 살펴보면 봉사하는 자가 곧 권한을 가진 자, 리더인 것이다. 봉사를 해야 하는 자가 리더이며 리더는 군림하는 자가 아니라, 추종자들에게 봉사하는 자라야 한다. 리더의 조직 관리가 추종자를 지시하고 명령하는 방식으로는 효과적으로 목표를 달성하기 어렵다. 리더십은 조직의 목표를 추종자들이 효과적으로 달성하도록 리더가 영향력을 행사하는 것이기 때문에, 비합리적 · 권위적 · 일방적인 영향력 행사는 조직 관리에 오히려 해가 될 뿐만 아니라, 부작용이 발생한다. 리더가 추종자들을 섬기고 민주적으로 이끌어야 조직의 목표 달성이 순조롭게 이루어진다. 지금은 과거 권위적인 시대, 비민주적인 시대, 추종자들의 개성과 인격이 무시되었던 시대와는 다르다. 이제 추종자들도 리더와 함께 조직의 목표를 달성해가는 동행자이다. 리더가 추종자들을 동행자로 인정하고 섬겨야 한다. 그래야 조직의 리더가 추종자들로부터 권위와 존경을 받을 수 있는 시대이다. 이러한 관점에서 Greenfield(1991)는 "학교에서 절망적인 어려움에 처한 어린이들에게 봉사는 다른 것보다 우선해야 할 도덕적 기준이며, 교사와 교장은 다 같이 이 기준을 철저히 유지해야 한다"고 하였고, Greenleaf(1970, 1977)도 "리더십은 본성적으로 남에게 봉사하려는 사람에게 부여하는 것"이라고 주장하였다. 따라서 봉사의 리더십은 조직의 목적을 효과적으로 달성하기 위해 리더가 추종자들의 이익을 우선적으로 행사하는 리더십이다.

대농그룹의 박용학(직장인, 1990: 37) 전 회장은 "국익에 도움이 되는 일을 하며 노년을 불태우고 싶습니다. 앞으로 내 힘을 필요로 하는 곳에는 반드시 '힘'이 되겠습니다"라고 하였고, 대림산업주식회사의 이원현(직장인, 1990: 37) 전 사장은 "자기 직업에 대한 애정과 헌신 그리고 봉사정신이야말로 그 기업을 발전시키는 소중한 자산이다. 조직의 힘은 개인의 이해보다는 전체의 이익을, 한 사람의 재능보다는 동료와의 협력관계를 생각할 때 극대화가 된다. 이러한 의미에서 기업의 역사는 손과 발로 뛰며, 머리와 가슴으로 부딪칠 때 만들어진다"라고 하였다.

동남은행의 김정규(직장인, 1990: 53) 전 은행장도 "일반적으로는 경영이념을 가장 친절한 봉사로 정해 신속한 서비스, 보다 많은 신용대출, 보다 많은 자금공급을 방침으로 하고 있다"고 하였다. 또 벽산그룹의 김인득(직장인, 1990: 82) 전 회장 역시 "물질, 재능, 신체는 신이 인간에게 잠시 맡긴 것이다. 그래서 올바른 인간은 그것에 대한 선량한 관리자, 곧 청지기로 남아야 한다. 돈이란 자칫하면 해로운 독약이 되기도 한다. 옳게 벌어 바르게 쓸 때 자신과 사회, 국가 모두에게 이익이 된다"고 하였고, 태화기연의 김성현(직장인, 1990: 136) 전 사장도 "기업은 사회에 대한 봉사이다. 봉사에 대한 대가로 사회가 이윤을 주는 것이다. 직원들이 노력한 대가로 보수를 받는 것과 같은 이치이다. 일부 대기업에서 물건을 만들어 하청업체나 종업원들에게 강매하는 것을 가끔 본다. 이것은 이윤만을 추구하는 것이지 기업경영을 하는 것이 아니다. 필요하지도 않은 물건을 과다하게 만들어 강매할 수는 없는 것이다. 좋은 물건을 값싸게 만들면 소비자가 스스로 찾고 그 대가로 이윤은 따라오는 것이다"라고 하였다. 이처럼 훌륭한 경영자들은 봉사정신을 기업의 경영철학으로 제시하였다. 즉 기업은 기업이윤 추구만을 위한 회사가 아닌 국익에 봉사하는 곳이라는 것이다. 기업은 고객과 사회에 대해 봉사를 하는 곳이라는 것이다.

사실, 조직의 리더가 봉사를 행한다는 것이 그렇게 쉬운 일이 아니다. 기업은 이윤을 추구해야 유지될 수 있는 곳이기 때문에 더욱 그러하다. 그리고 체면을 중시하는 우리 문화에서는 리더가 부단한 노력과 인내를 하지 않고는 봉사를 하는 것이 거의 불가능한 일일 수도 있다. 왜냐하면 우리의 문화는 자신을 확고히 하고 자신감을 가지라고 하기 때문이다. 그래야 리더의 권위가 선다는 것이다.

특히, 오늘날 우리의 사회는 나를 남에게 어떤 존재인지 알려서 내가 남보다 뛰어났다는 점을 부각시켜야 지도자의 자격이 있다고 인정한다. 그래서 요즈음을 '나를 알리는 시대'라고 한다. 나를 남에게 알리지 않으면 나의 존재를 인정받지 못한다는 것이다. 그런데 예수의 말씀은 나를 낮추고 남을 높이라고 한다. 결국, 예수가 말하는 리더의 역할은 자만에 빠져 자신을 높이는 일이 아니고, 남에게 봉사하는 일이라는 것이다. 봉사는 봉사로 끝나는 경우보다는, 가치 있고 의미 있는 것으로 다시 돌아오는 경우가 많다. 물질을 남긴 사람은 의미 있는 가치를 남기는 것이 없지만, 봉사를 남긴 사람은 그를 사람들이 존경하고 신뢰한다. 조직의 리더도 추종자들을 섬기면 신뢰와 존경을 받아, 리더가 하는 일을 추종자들이 믿음을 가지고 따르고 협조하여 조직의 목표를 효율적으로 달성하게 만드는 힘이 된다.

다행스럽게도 우리 사회도 조금씩 의식 수준이 높아져가고 있어서 자신을 과시하는 사람보다는 남을 존중하는 사람, 남에게 봉사하는 사람을 조직의 리더로 내세우려는 경향이 점차적으로 나타나고 있는 것 같다. 사실 남을 섬기고, 봉사하는 사람에게는 편안함 같은 것을 느낀다. 나보다 남을 먼저 생각하는 리더는 분명 나의 이익보다는 조직의 이익을 먼저 생각하기 때문에, 조직을 위해 봉사하고 헌신할 것이 틀림없다.

무엇보다도 우리 사회에서 경계하여야 할 인물은 바로 남보다 나를 먼저 생각하는 리더, 폐쇄적이고 자기중심적으로 행동하는 리더, 이러한 리더들을 끊임없이 경계하고 비판해야 한다. 반면에 남을 먼저 생각하고 행동하는 사람을, 우리가 존경해야 할 훌륭한 리더로 내세우는 풍토를 만들어 나가야 한다.

필자가 알고 있는 S회사의 K라는 팀장은 모든 일을 봉사와 겸손으로 일하고 있어서 자신의 추종자들로부터 존경을 받으면서 일하고 있다. 그는 능력이 있으면서도 자신을 드러내거나 자랑하기보다는 추종자를 먼저 생각하고, 추종자들의 과업 성과를 먼저 높이려 한다. 또 그는 자신의 이익보다는 추종자 개개인의 이익을 먼저 생각하고, 추종자들이 퇴근한 후에도 늦게까지 남아서 S회사의 부족한 부분을 스스로 맡아서 즐겁게 일하고 있다.

특히, 그는 자신의 봉사에 대해 대가를 바라거나 자랑을 한 적이 거의 없었다고 한다. 그래서 그런지 필자는 그가 자신의 회사에 대하여 한번이라도 불평하는 것을 들어본 적이 없다. 오히려 그는 남들이 싫어하는 일을 자원해서 즐겁고 정열적으로 일하고 있다고 말하곤 하였다. 그렇기 때문에 그가 하는 일은 대부분 화합이 잘되어 만족스러운 성과로 나타나고 있다. 결국, 동료와 추종자들에게 대하는 그의 봉사와 겸손의 태도로 인하여 그가 추진하는 일들이 추종자들과 동료들의 격려와 지원 속에서 좋은 열매를 맺고 있는 것이다.

테레사 수녀의 삶을 생각해보자! 수십 년 동안 빈민촌에서 봉사와 헌신을 하며 살다간 그녀를, 우리는 추앙하며 성녀라고 부른다. 그녀의 외형적인 삶은 비록 초라하였지만 봉사를 통한 그녀의 내면은 그 어떤 부자나 대통령보다도 풍요롭고 건설적이며 위대했다. 우리는 그녀를 영혼의 위대한 지도자요, 진실한 삶의 실천가라고 부른다.

헨리 밀러는 성공하고 싶으면 봉사하라고 강조한다. 그는 "봉사야말로 우리 인생에 있어 불변의 법칙이다"라고 하면서, 위대한 봉사와 섬김은 성공으로 이끄는 왕도라고 하였다. 또한, 마크피셔는 자신의 책인 스피릿(spirit)에서 "선하면 가난해진다는 생각은 위험한 착각이다. 진정한 부자는 다른 사람들보다 다 많이 베푸는 사람이며, 바로 그 때문에 그는 다른 사람들보다 더 많이 받는다"고 하였다.

그렇다면 리더의 봉사는 구체적으로 어떤 행동일까? 첫째, 나의 이익보다 추종자의 이익을 먼저 생각하는 행동이다. 만약 그렇지 못하면 봉사는 마음속에 있을 뿐 행하지 않고 있다는 증거일 수 있다. 행함이 없는 봉사는 말로만 하는 봉사이다. 특히 조직의 위기나 장애물이 있을 때 조직의 리더가 행하는 봉사는 더욱 빛을 발한다.

둘째, 봉사는 추종자를 위해 희생하는 행위이다. 좋은 일은 추종자를 내세우고 좋지 않은 일에는 리더 자신이 나서서 희생하는 행위이다. 희생하지 않는 부모는 참다운 부모가 될 수 없듯이, 희생을 하지 않는 리더는 훌륭한 리더가 될 수 없다.

하와이관광청 한국사무소 직원해외 자원봉사 후, 재취업 성공 사례에 대한 기사를 살펴보자. '지금 나는 12월 26일의 크리스마스 장식과 같다. 더 이상 쓸모없는 사람 아닌가. 무엇을 어떻게 해야 한단 말인가.' 정재훈 씨(27)가 지난해 12월 말 일기장에 쓴 구절이다. 하와이 관광청 한국사무소의 입사제의를 받기 직전인 지난해 말 정씨의 좌절감은 극에 달했다.

지난 1999년 2월 경희대 신문방송학과를 졸업한 정씨는 ROTC 장교 출신. 대학졸업 후 입대해 2001년 6월 전역했다. 그 당시 다른 장교 출신 친구들이 ROTC 특별전형을 통해 은행과 보험사에 입사할 때 그는 '전공과도 상관없고 적성에도 안 맞는 직장'이라고 생각하고 지원하지 않았다. 대신 2001년 7월부터 이듬해 2월까지 유럽과 홍콩, 태국, 베트남, 일본 등 17개국을 여행하며 미래를 구상했다.

"장교로 복무할 때 번 돈으로 여행을 다녔죠. 국내외를 오가는 틈틈이 정부에서 실시하는 컴퓨터 무상교육을 3개월 받기도 했죠." 여행을 마친 후 그는 경희대 국제교육원에 취업했다. 2002년 3월부터 교직원으로 일하며 웹 관리와 전산을 담당했다. 그러나 그해 12월 과감히 사표를 냈다. 어릴 때부터 꿈꿔 온 '해외 자원봉사'를 떠나기 위해서였다. "지난해 3월부터 9월 중순까지 필리핀에서 자원봉사를 했습니다. 태권도와 수영을 필리핀 원주민에게 가르쳤죠."

지난해 9월 귀국한 그는 심각한 취업난을 몸소 체험하기 시작했다. 정보처리사와 디지털활용능력, 한자능력검정시험 3급, 일본어능력시험(JLPT) 1급 등 각종 자격증을 부지런히 따온 그였지만 다시 직장인이 되기는 만만치 않았다.

그러던 9월 말 우연한 기회에 KBS가 '청년실업 해결'이라는 취지로 만든 '일요일은 101%'의 한 코너인 '꿈의 피라미드'에 참가했다. 자신의 능력을 테스트해 보기 위해서였다. 70대 1이라는 경쟁률을 뚫고 '꿈의 피라미드 1기'로 선발됐고, 방송을 통해 그의 진면목이 소개됐다. 특히 그는 여러 코너 가운데 영어 테스트에서 1등을 했고, TV를 통해 이를 유심히 지켜본 하와이관광청으로부터 입사제의를 받았다.

결국 올 1월 하와이관광청에 입사했다. "어릴 적 외국에서 생활한 적도 없고 어학연수를 다녀온 경험도 없습니다. 대학시절 알게 된 외국인 친구와 대화하며 영어를 익혀 나갔죠. 경쟁력을 계속 길러나가기 위해 입사 후 중국어도 공부하고 있어요."

출처: http://www.google.co.kr

위의 기사의 내용에서 재취업을 하게 된 정재훈 씨는 자신이 취업하게 된 것이 영어 테스트에서 1등 해서 하와이관광청에 입사하게 된 것이라 생각하고 있다. 하지만 미국이라는 나라는 실력만 가지고 그 사람을 평가하지 않는다. 조직에서 사람을 선발할 때 얼마나 기여할 수 있는가를 실력으로만 평가하지 않는다. 즉 사람의 됨됨이를 고려한다. 사람의 됨됨이를 알 수 있는 요소 중의 하나는 아무 대가를 바라지 않고 사회나 타인을 위해 얼마나 봉사(섬김)를 했느냐이다. 소위 미국에서 일류 대학에 신입생을 선발하는 데도 지적인 실력만 보는 것이 아니라 봉사활동을 얼마나 했느냐가 합격에 중요한 요소로 작용한다.

이렇듯, 봉사는 단순히 자신을 낮추는 것만이 아니라, 종국에는 자신을 높이는 중요한 힘이 되고, 자신의 역할을 효율적으로 수행할 수 있는 에너지를 얻게 된다. 따라서 조직의 진정한 리더가 되기 위해서는 추종자들을 위해 희생하고, 추종자들의 이익을 위해 앞장서는 봉사의 리더십을 발휘해야 한다.

학교조직의 봉사의 리더십을 위하여

교육은 서비스라는 말을 많이 한다. 이것이 바로 봉사다. 교육자는 교육의 수고에 대해 일일이 계산하지 않는다. 교육은 교육의 효과적인 목표달성을 위해 헌신하고 봉사하는 것이어야 그 가치가 있다. 이렇듯 학교장은 학교운영에 있어 자신의 이익보다는 학교조직을 위해서 리더십을 발휘해야 한다. 단위학교의 효율적인 경영을 잘하는 교장의 경우, 대부분은 교사들의 교수-학습을 위해 자신이 무엇을 할 수 있을까에 대한 고민을 하고, 그것에 리더십을 집중한다. 교사와 학생들에게 봉사하지 않는 학교장은 리더로서의 존재감이 거의 나타나지 않는다. 학교장의 존재는 교사와 학생들의 교육활동을 위해 필요한 리더인데, 자신의 이익과 편리함을 위해 리더십을 발휘한다면 누가 교장의 경영방식에 따르겠는가. 학교장의 봉사적 리더십은 교사의 충성과 협조, 학생의 교육력으로 나타나 학교 경영의 효과성을 제고한다. 학교장은 리더십의 효과성을 높이기 위해 리더십이란 교사와 학생을 위해 존재하는 영향력이라는 인식이 필요하다. 학교조직에서 리더가 자신의 권력을 군림한다면 학교의 목표는 달성하기 어렵다. 학교장은 매일 교육 서비스를 위해 어떻게 자신의 리더십을 활용할까를 고민해야 한다.

교사의 봉사는 학생들에게 학교장보다 더 민감하게 느껴진다. 매일 학생들과 직접 교실에서 만나기 때문이다. 교사의 존재를 구분하는 요인 중의 하나가 학생에 대한 봉사이다. 학교조직에서 봉사의 리더십을 잘 발휘하는 교사는 학생들에게 존경을 받아 효율적인 학급경영을 한다. 교사의 봉사는 단순한 학습적인 측면만이 아니고, 부모님과 같은 보살핌이다. 학생들의 학습, 의복, 식사, 친구관계, 진로 및 진학 등에 대한 서비스다. 교사의 리더십의 효과는 학생에 대한 봉사에서 나온다. 학생들은 교사의 봉사를 통해 교사를 인식하고, 교사의 신뢰도 교사의 봉사에 따라 다르다. 따라서 교사는 봉사의 자세뿐만 아니라, 필요한 정보를 제공할 수 있는 전문적 지식을 갖추어야 효과적인 봉사의 리더십을 수행할 수 있다는 점도 알아야 한다. 교사의 권위는 교사의 봉사에서 확보된다.

봉사의 리더십 향상을 위한 점검 사항

1. 리더 자신은 리더십 = 봉사라고 인식하고 있는가?

2. 리더 자신은 돈과 시간을 추종자들을 위해 얼마나 사용했는지 매일 점검하고 있는가?

3. 리더 자신은 매일 일상에서 추종자들의 이익을 위해 봉사할 때 즐거운 마음으로 하고 있는가?

4. 리더는 봉사가 조직의 효과성을 제고하는 경험을 한 적이 있는가?

제5절 신뢰의 리더십

31 그러므로 염려하여 이르기를 무엇을 먹을까 무엇을 마실까 무엇을 입을까 하지 말라 32 이는 다 이방인들이 구하는 것이라 너희는 천부께서 이 모든 것이 너희에게 있어야 할 줄을 아시느니라 33 너희는 먼저 그의 나라와 그의 의를 구하라 그리하면 이 모든 것을 너희에게 더하시리라

마태복음 6장 31-33절

여기서 예수의 가르침은 미래에 대한 걱정보다는 먼저 '하나님의 의'를 구하라고 한다. 여기서 '의'는 하나님에 대한 믿음을 말한다. 현재뿐만 아니라 미래도 그리스도인은 염려하지 말고, 우선 하나님에 대한 믿음(신뢰)을 갖는 것이 중요하다고 강조한다(채천석 역, 2000: 311-317). 즉 어떻게 살아가느냐에 대한 걱정보다도 먼저 하나님에 대한 믿음이 더 중요하다는 것이다.

하나님의 '의'를 영어성경은 righteousness로 표현하고 있는데, 여기서 하나님의 의는 사람들이 말하는 정의보다는 하나님의 말씀이 곧 정의이다. 다시 말하면 하나님의 말씀을 믿는 것이 정의이다. 따라서 하나님의 의는 하나님에 대한 믿음(신뢰)을 말한다. 신뢰란 상대방을 전적으로 믿는 것이라고 정의할 수 있다.

신약성서는 여러 곳에서 신뢰의 중요성을 강조하고 있다. 예를 들면, <마 27:43>에 "저가 하나님을 신뢰하니 하나님이 저를 기뻐하시

면 이제 구원하실지라 제 말이 나는 하나님의 아들이라 하였도다 하며" <고후 7:16>에 "내가 범사에 너희를 신뢰하게 된 것을 기뻐하노라." <빌 1:14>에도 "형제 중 다수가 나의 매임으로 말미암아 주 안에서 신뢰함으로 겁 없이 하나님의 말씀을 더욱 담대히 전하게 되었느니." 이처럼 신뢰는 그 자체가 기쁨이며, 앞으로 나아가는 담대한 힘과 마음의 평안을 우리에게 제공한다.

마태복음 6장 31절-33절의 가르침은 기독교적인 해석은 의식주에 대한 추구보다도 하나님에 대한 의를 먼저 구하라는 것이다. 그러면 의식주는 자연적으로 해결된다는 것이다. 하나님을 믿으면 의식주는 하나님이 해결해주신다면 것이다. 하나님의 의는 세상적인 의보다는 하나님의 말씀을 말하는 것으로, 하나님의 말씀이 곧 의를 말하는 것이다. 즉 하나님의 말씀을 신뢰하고 행하라는 것이다. 그것이 의라는 것이다. 조직에 있어서도 조직의 목표를 달성하기 위해서는 리더와 추종자들 간에, 추종자와 추종자들 간에 신뢰 형성이 매우 중요하다. 조직 구성원 간의 서로 신뢰가 형성되면 조직의 화합이 잘 이루어지고, 활기찬 조직이 되어 조직의 목표는 순조롭게 이루어진다. 신뢰가 형성된 조직은 조직의 효과성이 높고 건강한 조직이다.

Bennis와 Nanus(1985), Tich와 Devanna(1986)는 변혁적 리더십 요인으로 신뢰성을, Stogdill(1948: 64)은 리더의 자질 중의 하나로 신뢰성을 제시하였고, 또 Kouzes와 Posner(1995)는 "리더들에게 무엇이 가치 있는가에 대한 연구"에서 행동으로 보여주는 신뢰성이 리더십의 기본임을 입증하였다. Henderson(1998)도 리더가 신뢰성을 갖는 것은 도덕적 리더십을 갖는 것이라고 하면서, 리더의 신뢰성은 조직 효과성과 강하게 연결되어 있다고 주장하였다. 따라서 신뢰의 리더십은 조직의 목표를 효과적으로 달성하기 위해 리더가 추종자들을 전적으로 신뢰하는 리더십이다.

펩시콜라의 '크레이그 웨더' 회장은 "신뢰는 기업조직에 구체적으로 결정적 영향을 주며, 기업의 우수성을 가늠하는 핵심기준이 된다. 신뢰는 비용을 절감시켜 주며, 창조적 일을 가능케 한다. 신뢰는 또한 조직사회에 탄력을 주며 경쟁에서 이길 수 있는 무기가 된다"고 하였고, 기아기공의 김성웅(직장인, 1990: 34) 전 사장은 "우수한 품질, 저렴한 가격, 납기준수를 통한 기업의 대외 신뢰성을 확보하여 '고객에게 만족'을 주고, 이를 기반으로 기업경영활동의 궁극적인 목표인 기업이윤을 실현하여 '회사의 번영'을 이룩하고, 그 결과로 전 종업원에 대한 복리증진을 향상시킬 수 있게 되어 종업원 개개인의 가정에 '행복'을 가져다 줄 수 있도록 하는데 경영의 목표를 두어야 한다"고 강조하였다.

선경그룹의 고 최종현(직장인, 1990: 174) 회장은 "인간위주, 합리경영, 현실인식 등으로 앞을 보고 뛰어가는 기업이 되어야 한다. 인간이 기업을 만드는 것이므로, 인간을 적재적소에 배치했으면 일단 모든 결정사항을 위임할 만큼 신뢰해야 한다는 것이 원칙이다"라고 하였다. 또 서광전자의 이희술(직장인, 1990: 98) 전 사장은 "나는 돈을 모아야겠다는 생각을 하지 않으려고 한다. 모아야겠다고 하면 달아나는 게 돈인 것 같다. 또, 신용을 중요하게 여긴다. 은행에서 은행원보다 더 신용을 잘 지키는 사람이라고 나를 평가해주는데 신용만 있으면 모든 문제가 잘 풀린다고 생각한다"고 하였다.

아가방㈜의 김욱(직장인, 1990:110) 전 사장도 "문제는 '믿을 수 있는 기업'이 되는 일이다. 그리고 고객은 그들이 원하는 것(need)을 충족시켜 주는 기업만을 신용한다. 고객의 욕구는 항상 변한다는 것을 감안한다면 고객의 신용을 얻고 이를 유지하는 일이 쉬운 일이 아니다. '신용 쌓기'란 밤잠을 자지 않고 노력한다고 한꺼번에 해결할 수 있는 일이 아니다. 벽돌 한 장씩 쌓는 마음으로 조금씩 신용을 쌓기 위해 노력해야 한다"는 것을 제시하였으며, 대한생명의 최병억(직장인, 1990: 49) 전 사장은 "사람을 소중히 여기는 것이 기본생각이다. 조직은 사람이 만들고 사람들로 이루어지는 만큼 무엇보다 서로간의 신뢰와 존경이 있어야 한다. 그런 신뢰와 존경도 조직 구성원 간의 화합을 만들고 화합된 조직은 큰 힘을 발휘한다고 할 수 있다. 한때 반짝이는 서류에 흔들이지 않고 정도를 걸으며 사람을 소중히 여기는 경영자가 바람직한 경영자이다"라고 강조하였고, 또 한국중공업의 안천학(직장인, 1990: 152) 전 사장도 "우리 기업의 경영지침으로는 고객으로부터 신뢰를 받는 회사를 만들어야겠다는 것입니다"라고 하였다.

이와 같이 많은 우수한 경영자들이 신뢰를 기업의 중요한 경영철학으로 제시하였다. 즉 기업의 신뢰는 기업의 우수성으로 나타나며, 기업은 고객에게 신뢰를 쌓는 곳이며, 신용을 확보하는 것이 기업을 성장시킨다는 것이다. 기업의 역할은 곧 신뢰를 만든 것이다.

그러나 의외로 조직의 리더들은 매일 걱정이 너무 많다. 과연 조직의 목표를 달성할 수 있을까? 추종자들은 최선을 다해 일하고 있는가? 리더는 이러 저러한 문제로 밤잠을 자지 못하고 고민하는 경우가 허다하다. 그러한 고민은 대부분 조직에 대한 믿음(신뢰)의 부족에서 출발한다. 그러나 효과적인 리더가 되려면 걱정을 하지 말아야 한다. 걱정은 조직의 발전을 저해하는 큰 장애요인 중의 하나일 뿐이다. 즉 걱정보다는 어떻게 하면 조직에 신뢰를 높일 수 있을 것인가에 대한 생산적인 일을 하는 것이 건설적이다. 걱정은 또 다른 걱정을 낳아, 결국 그 걱정으로 인하여 다른 일을 추진하지 못하게 된다.

물론, 리더가 미래에 대한 걱정 없이 산다는 것이 말처럼 쉬운 일이 아니다. 그래서 많은 리더들은 목표에 대한 걱정으로 많은 시간과

정력을 소비하고 있다. 그러나 지나친 걱정은 문제에 대한 실마리를 제공하기보다는 오히려 스트레스로 인한 우울증, 심장병, 뇌졸중 같은 심각한 병을 일으키는 것으로 여러 연구에서 보고되고 있다.

실제로 생활의 스트레스가 각종 질병을 일으키는 주범은 바로 걱정에서 오는 경우가 많다고 각종 보고서에서 지적하고 있다. 국제노동기구에서도 20세기의 가장 무서운 질병 중의 하나로 스트레스를 지목하고 있다. 가벼운 다른 질병보다 스트레스가 생기면 피곤이 자주 발생한다. 피곤한 상태에서는 올바른 판단을 하기 어렵다. 건강하지 못한 상태에서 조직의 의사결정을 잘못 판단하면 오히려 비극적인 결과를 초래할 수도 있다(Manz, 1998). 리더의 스트레스는 조직을 죽이는 리더십으로 나타나기 쉽다.

현대의 복잡한 조직을 이끄는 리더는 스트레스를 전혀 받지 않고 살 수는 없다. 문제는 걱정하는 동안에 뭔가 건설적인 해결책을 찾으려고 노력하는 것이 중요하다. 리더는 걱정은 걱정을 낳을 뿐 문제의 해결책을 제공해주기 어렵다는 점을 인식하고, 걱정에서 벗어나려고 노력하는 것이 필요하다. 그렇지 못하면 결국 걱정은 육체적인 피로와 정신적 동요를 일으킬 수 있으므로 조직을 원만하게 이끌 수 없다.

또한, 대부분의 걱정은 우리의 마음을 부정적으로 바꿀 수 있어서 독약과 같은 작용을 할 수도 있다. 심약한 리더는 추종자들이 하는 일을 신뢰하기 힘들고, 발생하지도 않은 미래의 부정적인 요소를 마음에 미리 담아서 궁리를 시작하게 된다. 리더의 이러한 걱정은 엄청난 정신적, 신체적 피곤을 가중시켜 사람과 일에 짜증을 내게 한다. 리더의 지나친 걱정은 자신을 지치게 하고 비정상적인 눈으로 추종자들을 평가하게 되어 조직의 부정적인 결과를 초래한다. 그 결과, 조직의 불신이라는 암 덩어리가 생기게 된다. 불신의 파괴력은 너무나 커서 조직을 붕괴하는 힘을 가지고 있다.

신뢰의 리더가 되기 위해서는 다음과 같은 자세가 요구된다. 첫째, 자신의 성격이나 생각을 바꾸려는 적극적인 자세와 걱정이 생길 때 극복할 수 있는 전략을 미리 준비한다. 조직의 문제에 대해 지나친 걱정이 생길 때, 근본적으로 스트레스를 해소할 수 있는 생활패턴으로 바꿀 수 있도록 끊임없이 노력하는 자세가 필요하다. 또한 자신의 스타일에 적절한 걱정을 해소시키는 방법을 평소 준비하는 것이 필요하다. 자신의 노력으로 극복하기 힘든 경우에는 스트레스 프로그램에 적극적으로 가입하여 활동하는 것도 필요하다. 즉 걱정을 물리치려는 단호한 결단과 행동이 필요하다.

둘째, 리더가 추종자들로부터 신뢰를 쌓는 것은 조직의 그 무엇과도 바꿀 수 없는 중요한 일이라는 인식과 더불어 신뢰를 쌓기 위한 여러 가지 노력을 하여야 한다. 예를 들면, 리더가 추종자들에게 한 약속은 반드시 지킨다든가, 위기 때에 리더로서의 능력을 보여주는 일, 추종자들의 어려움을 살펴주고 추종자들의 편에 서서 일을 잘 할 수 있도록 지원을 해주는 일 등이다. 즉 "우리 리더는 참 든든한 사람이구나!" 하는 믿음을 갖도록 노력하는 것이다. 조직 추종자들 간의 믿음이 깨진 조직은 더 이상의 조직이라 할 수 없기 때문에 더 이상의 조직의 효과성은 기대할 수 없다.

조직에서 그 어떤 요소보다 신뢰가 중요한 것임을 인식시키는 다음의 한 기사의 내용을 살펴보자. 골드만삭스, 시스코시스템, 마이크로소프트, 인텔, 루슨트 테크놀로지, 월마트, 메릴린치, 페덱스, 3M 등과 같은 일류기업들의 성공비결은 무엇일까. 올바른 전략, 투자한 분야의 빠른 성장, 효율적인 조직 등 다양한 요인이 있다. 그러나 무엇보다 중요한 것은 뛰어난 능력의 인재가 포진해 있다는 사실이다. 전략과 조직을 제대로 만들어가는 주체가 바로 사람이기 때문이다. 그렇다면 어떤 요인이 이들 기업에 뛰어난 인재가 몰려들도록 만드는 것일까. 바로 신뢰다. 경영진으로부터 인간적인 대우를 받으며 상하 간 두툼한 신뢰가 형성된 회사, 단순한 고용안정이 아닌 각 분야의 전문가로서 미래가 보이는 회사, 현재 하고 있는 업무에 대한 긍지를 갖고 있으며 동료들과 지내는 것이 즐거운 회사이다.

「좋은(Good)」 회사와 「뛰어난(Great)」 회사의 차이점은 무엇일까. 바로 신뢰다. 신뢰야말로 그저 좋다는 평가를 받는 회사와 진정으로 뛰어난 회사를 구분하는 지표다. 신뢰를 기준으로 뛰어난 기업을 찾기 시작한 것은 1981년의 일이다. 미국 기업들의 신뢰지수를 조사하기 위해 미국 전역에서 1백 50개 기업을 선정해 해당기업의 임직원들과 집중적인 인터뷰 및 설문조사를 실시했다.

설문에 앞서 해당기업의 급여와 근무환경에 대한 서면 자료를 입수해 분석했다. 그런데 각 기업들이 보내온 급여나 복리후생관련 자료만으로는 조사대상 기업들 사이에서 특징을 구분해 내기가 대단히 어려웠다. 설문에 참여하는 기업들은 모두 높은 급여수준을 유지하고 있었고, 복리후생도 상당히 잘 갖춰 놓고 있었기 때문이다. 근무환경도 물론 좋았다. 즉 설문에 참여한 기업은 모두 「좋은」 기업이었다. 그런데 실제 개별기업을 방문해 직원들과 인터뷰한 결과 좋은 기업들 사이에도 더 좋은 기업이 있다는 사실을 발견했다.

어떤 기업의 직원들은 사장 등 경영진에 대해 대단히 열정적인 태도를 갖고 있었다. 이들이 보여준 열정은 단지 직업 이상의 애착이었다. 자신의 회사가 제공하는 것은 적정한 수준의 급여와 가족을 부양하기 위한 복리 이상의 것이라고 느끼고 있었다. 기업의 경영진과 관리자들에게 진정한 신뢰를 갖고 있던 것이다. 업무에 대한 태도도 다른 기업의 직원들과는 달랐다. 우선 그들의 일이 완벽하게 수행된다고 느끼고 있었다. 또한 다른 직원들과의 관계도 좋았다. 즉 설문에 응한 기업은 급여나 복리후생의 관점에서 보았을 때는 모두 좋은 기업이었지만 신뢰지수라는 척도를 놓고 보았을 때는 일부 기업만이 단지 좋은 기업 이상의 의미를 갖고 있는「뛰어난」기업이었다. 특히 직원들의 시각에서 보았을 때 그러했다.

좋은 기업과 뛰어난 기업의 구분이 명확해진 것은 1988년 <위대한 일터(A Great Place to Work)>란 책이 나오면서 시작되었다. 신뢰지수는 이미 1981년부터 매년 미국 전역에서 골고루 선발한 기업들을 대상으로 조사했다. 조사한 내용을 더욱 정교하게 하기 위해 과거 수년간 조사를 통해 진정으로 뛰어난 기업으로 밝혀진 기업 중 20개사를 추려 다시 방문했다. 이들 기업을 방문해 집중적으로 조사하면서 다시 한 번 확인한 내용이 있다. 뛰어난 기업이 되기 위해서는 단지 높은 급여와 복리후생만으로는 부족하다는 사실이다.

출처: http://www.google.co.kr

위 사례의 기사에서 신뢰가 단지 조직 추종자들의 복리 후생이나 높은 급여에서 생기는 것이 아님을 보여주고 있다. 신뢰란 인간에 대한 믿음이다. 곧 경영진과 추종자들 간의 인간적인 신뢰인 것이다. 그리고 신뢰는 리더와 추종자 간에 인간적인 존중, 배려, 어려울 때 친절히 보살펴주는 일, 가족 같은 분위기 등 인간적인 믿음을 갖게 해주는 것들이다. 따라서 효과적인 리더가 되기 위해서는 추종자들에 대한 걱정을 완화시키고, 추종자들을 신뢰할 수 적극적인 행동의 자세가 필요하다.

학교조직의 신뢰의 리더십을 위하여

학교장과 교사, 교사와 학생 간의 신뢰가 잘 구축된 학교는 좋은 학교일뿐만 아니라, 우수한 학교라고 할 수 있다. 신뢰적 분위기는 학교 구성원들 간의 관계가 화목하고, 업무의 협조가 잘 이루어지는 풍토를 형성한다. 이러한 풍토는 학교장의 태도에 기인한다. 학교장이 교사들에게 약속을 잘 지키고, 교사를 신뢰하고, 지원하는 노력이 오래 축척된 결과이다. 학교장이 신뢰의 리더십을 발휘하기 위해서는 먼저 교사들에게, 학생들에게, 학부모들에게 경영능력을 인정받아야 한다. 능력이 부족한 학교장은 학교 교육공동체에서 신뢰받기 어렵다. 또한, 학교장이 학교경영에 성실하여야 한다. 자신의 이익보다 학교발전에 노력하는 모습을 보여주어야 한다. 또 학교장은 학교 경영에 투명하고 정직해야 한다. 이러한 모습들이 확보되지 않은 상태에서는 리더십을 수행하기 어렵다.

교사도 학생들에게 믿음을 주는 행위가 선행되어야 한다. 교사 자신이 학생을 먼저 위하고, 학생들의 처지를 이해하고 믿어주어야 학생도 교사를 믿는다. 교사가 학생들에게 한 약속을 지키고, 교사로서의 인격을 가져야 신뢰의 리더십이 가능하다. 특히, 언행일치의 모습은 매우 중요하다. 한번 학생들이 교사를 신뢰하지 않으면 신뢰의 회복이 매우 어려워진다. 교육은 서로에 대한 믿음이 바탕이 되어야 가능하다. 또한, 교사도 교장과 같이 학생의 지도 능력을 학생으로부터 인정을 받아야 신뢰가 형성된다는 점을 잊지 말아야 한다.

신뢰의 리더십 향상을 위한 점검 사항

1. 리더는 현재 추종자들에 대해 걱정보다는 신뢰하는 마음을 가지고 있는가?

2. 리더 자신은 스트레스를 잘 받는 사람인가? 그렇다면 건설적인 스트레스 해소 방법을 가지고 있는가?

3. 리더 자신은 추종자들과의 신뢰를 쌓기 위한 리더십을 발휘하고 있다고 생각하는가? 그렇다면 구체적으로 어떤 행위인가?

4. 신뢰가 인간적인 믿음이라면, 리더 자신은 추종자들에게 인간적인 믿음을 심어주는 행위를 하고 있는가?

제6절 배려의 리더십

남에게 대접을 받고자 하는 대로 너희도 남을 대접하라

누가복음 6장 31절

그러므로 무엇이든지 남에게 대접을 받고자 하는 대로 너희도 남을 대접하라 이것이 율법이요 선지자니라

마태복음 7장 12절

위의 예수의 말씀은 나를 보살피듯 남을 먼저 보살피라는 것이다. 그것을 지키는 것이 율법이고, 선지자의 태도라는 것이다. 즉 남에게 배려하라는 것이다(채천석 역, 2000: 331). 내가 타인에게 먼저 대접을 하면 나도 대접을 받는다는 것이다. 즉 내가 남을 먼저 배려하면 남도 나에게 배려한다. 따라서 배려란 리더가 추종자에게 먼저 대접하는 것이라고 정의할 수 있다.

남에게 대접을 먼저 해야 내가 대접을 받는다는 것은 조직사회에서 리더에게 반드시 필요한 인간관계 전략이라 할 수 있다. 그러나 대부분의 사람들은 어떤 일을 할 때, 이것이 내게 얼마나 이익이 되고 유리한가를 생각하고 그것에 따라 행동하게 된다. 그러나 예수는 그렇게 하는 것은 잘못이고, 자신에게도 이롭지 못하다는 것을 지적하고 있다. 이것을 단순히 종교적 교리라고 생각해서는 안 된다. 실제로 우리가 조직에서 존경하거나 충성을 하고 싶은 리더가 누구인지를 생각해보면 쉽게 이해할 수 있다. 정말로 나에게 배려를 잘해주는 리더,

나의 실수를 이해하고 나를 믿어주는 리더, 나의 신념을 이해해주고 나의 능력과 가치를 인정해 주는 리더를 권위 있는 리더로 인정한다. 즉 배려는 남을 먼저 대접하는 것이요, 나약한 남을 먼저 보살피는 것이다.

위의 마태복음 7장 12절의 가르침은 리더가 반드시 가져야 할 중요한 덕목 중의 하나이다. 배려하지 않는 리더는 추종자들로부터 존경을 받을 수가 없다. 리더가 존경을 받고 싶으면 추종자들에게 먼저 배려를 해야 한다. 배려를 통하여 이해와 존중이 나오는 법이다. 배려는 이성적인 태도보다는 정서적인 인간의 존중 표시이다. 내가 이해받고 존중받기 위해서는 배려가 선행되어야 한다. 리더는 추종자들보다 더 높은 위치에 있다고 해서 지시하고 명령하는 태도보다 추종자들을 먼저 배려하여, 추종자들로부터 존경을 이끌어내야 한다. 서로 배려가 많은 조직은 온정과 친절한 분위기가 유지되어 조직의 수준이 건강한 상태를 유지한다.

조직의 관점에서 보면 리더는 배려를 확보하는 것이 중요하다. Ohio 주립대학교 연구에서는 배려를 리더와 추종자들 간의 관계가 우정과 상호 신뢰, 존경 및 온정을 나타내는 행동이라고 보았으며, 배려와 구조주도가 높은 차원이 효과적인 지도자로 제시하였다(Halpin, 1966: 97-98). 또, Lashway(1996)는 교육 리더에게 7가지 덕목 중에 배려를 하나의 중요한 덕목으로 제시했으며, Noddings(1992)도 배려는 단지 어린이의 복지에 대한 추상적 관심이 아닌 특별한 시간에 특별한 개인을 위한 중요한 개인적 헌신이라고 강조하였다. Marshall 등(1996)도 배려의 윤리적 시각에 대해 "배려의 윤리를 학교 행정가들에게 제시하는 것은 도덕적인 사고와 의사결정에 가치 있는 관점을 제공하는 것이라고 생각한다. …(중간생략) 그것은 행정적인 결정들을 내리는 윤리적 틀을 제공할 수 있을 것이다. 그러므로 교육 리더들이 리더십 모델의 특정한 요소를 매일 직면하고 있는 특수한 문제들의 해결에 배려의 윤리가 도움을 줄 수 있을 것이다"라고 주장하였다.

이현화(1999)도 "학교장의 배려적 행정행위에 관한 연구"에서 학교장은 교사들에게 배려적 행위인 관심, 격려와 칭찬, 이해, 신뢰 등을 보여야 한다면서, 학교장의 배려적 행정행위는 교사들에게 사기를 불러일으키고 학교업무에 능동적으로 참여하는 기능을 할 수 있고, 학교장은 교사들에게 전문적인 부분을 인정하고 간섭을 적게 하는 것이 학교장에 대한 긍정적인 태도를 가지게 하고 학교장이 추구하는 효과성과 효율성에 도움이 된다고 주장하였다. 따라서 배려의 리더십은 조직의 목표를 효과적으로 달성하기 위해 리더가 추종자들에게 우선적으로 배려적 행위를 행사하는 리더십이다.

기아의 민경중(직장인, 1990: 32) 전 회장은 "90년대를 열고 2천년대 우리의 꿈을 살찌워 갈 중요한 때에 우리는 무사안일과 구태의연을 단호히 거부한다. 국제적 감각으로 시야를 넓혀 진취적, 개방적, 적극적 사고로써 새로움을 창조하고자 하는 앞서가는 생각을 요구한다. 따라서 우리는 앞서가는 생각을 바탕으로 '우리 일터'란 공동선을 추구하여 회사는 '종업원을 위한 회사'로서의 역할을 다하고, 종업원은 '회사의 발전에 기여하는 나'로서 각자에게 부여된 권리와 의무를 다해야 한다"고 하면서, 사장인 나 자신보다는 종업원들을 먼저 위하는 회사가 되는 것을 경영철학으로 제시하였다.

조직의 리더로부터 배려를 받은 추종자는 반드시 그에 대한 보답을 하려 한다. 그 추종자는 리더가 지시한 목표에 도달하기 위해 성심

성의껏 최선을 다하려고 노력한다. 또한 자신의 일에 책임을 지고 조직에 더욱 충성하려고 한다. 조직의 추종자들을 조정하는 힘은 리더의 독선적이고 권위적인 행동이 아니라 추종자들을 배려하는 행동에서 시작한다. 무엇보다도 배려는 단기적인 것이 아닌, 장기적으로 추종자들에게 이익이 되는 방식으로 해야 한다. 단기적으로 추종자들의 필요에 부응하기 위해 리더가 추종자들의 의지하려는 마음을 키워주어서는 안 된다. 왜냐하면 오히려 추종자들의 장기적인 성장을 해칠 수 있는 실패의 리더십이 되기 때문이다.

추종자들은 자신이 얼마나 옳게 대접을 받느냐 하는 것이 매우 중요한 관심사이다. 그가 정당하게 받은 배려의 대접은 결코 없어지지 않는다. 언젠가는 배려를 베푼 리더에게 배가 되어 다시 돌아오게 마련이다. 즉 리더가 행하는 배려의 행동도 마치 메아리처럼 다시 돌아오게 된다. 특히, 리더의 배려를 받은 추종자들은 조직에 대한 자부심을 가지고 있고, 정서적으로나 인격적으로 원만한 인간관계를 형성하고 있다. 그 이유는 조직의 리더가 자신을 인정해주고 든든한 후원자라고 생각하기 때문이다. 그래서 배려의 분위기가 넘치는 조직은 목표 그 이상의 것을 만들고, 추종자들은 항상 책임의식과 주인의식으로 충만한 높은 수준의 자아의식을 가지고 과업에 임하며 자신의 높은 욕구를 성취하려고 한다.

리더가 추종자들에게 배려를 하기 위해서는 다음과 같은 점을 고려해야 한다. 첫째, 추종자들을 신뢰하는 것이다. 조직사회에서 보람과 성취는 매우 중요한 요소이다. 추종자 자신의 상사로부터 자신이 신뢰받고 있다는 생각은 조직생활에 활기와 자신감을 제공하고, 자신의 존재에 대한 보람, 과업의 성취를 인정받는다는 느낌을 갖게 해준다는 점에서 매우 중요한 의미를 갖는다. 둘째, 추종자를 적극적으로 지원하는 것이다. 즉 추종자의 과업 수행과정에서 오는 물질적·기술적·심리적 지원을 적극적으로 지원하는 일이다. 자신의 리더로부터의 지원은 추종자 자신의 과업수행을 신명나게 할 뿐만 아니라 최선을 다해서 리더에게 인정받고 칭찬을 얻고 싶은 동기를 발산하게 만드는 요인이 된다. 이렇게 되면 조직의 효과성은 자연히 증가하게 될 것이다. 셋째, 추종자의 인격을 존중하는 일이다. 리더로부터 존중을 받고 있는 추종자는 심리적으로 사기가 충만해 있고, 자신감이 넘치고, 조직에 대한 만족도도 매우 크다. 리더로부터의 존중은 자신의 존재에 대한 자부심과 더불어 조직에 대한 충성심을 높이는 중요한 요인이 된다.

배려에 대한 중요성을 제시하고 있는 다음의 기사의 사례를 살펴보자. 지난 2004년 29세의 젊은 나이에 창업을 해 지난해 홍초원의 최우수 가맹점으로 선정된 구로공단점의 점주인 A씨이다. 점주인 A씨는 젊은 나이지만 중국집 알바부터 영업직 사원, 기계설비 관리 등의 많은 이력을 가지고 있다고 한다. 이러한 경험이 모두 그에게는 전투를 치루는 듯 치열한 삶의 연속이었다는 것이다. 특히 바에서 아무것도 모르는 상태로 시작한 홀 관리업무가 계속된 공부를 통해 바텐더·매니저에 이르는 동안 끊임없이 손님에게 친절을 베풀려는 노력이 현재의 매장을 이루는 바탕이 되었다고 한다. 손님에게 서비스가 아닌 친절을 베푸는 것이다.

그는 "손님이 감동을 느낄 수 있도록 마음으로 친절을 베풀면 서비스는 저절로 이루어진다"면서, "직원교육을 할 때도 일은 특별히 잘하려고 할 필요는 없지만, 친절은 아무리 넘쳐도 부족하다"고 교육한다고 한다. 그는 패밀리 레스토랑보다 자신의 매장에서 베푸는 친절이 훨씬 그 질이 높다"라고 하면서 친절에 대한 강한 자신감을 나타냈다.

또 그는 "손님의 입장에서 봤을 때 종업원이나 사장이나 똑같은 존재로 인식한다. 즉, 손님에게서 어떤 요구 사항이 있을 때는 누구나 가서 손님에게 적절한 서비스를 제공해야 한다"며, 자신의 경영철학을 밝혔다. 실제 그의 매장에서는 점주를 포함해 직원은 그 누구도 의자에 앉을 있을 수 없다. 손님이 적을 때에도 밖에 마련된 휴게실에서 잠깐 휴식을 취할 수 있을 정도로 공평하게 운영하고 있다.

그는 매장의 직원을 독특한 방식으로 대하고 있다. 매출은 직원이 올리기 때문에 최대한 직원을 편하게 해준다는 것이다. "여기는 전쟁터이고 전투에서 이기려면 항상 친절하고 변함없는 맛을 유지해야 한다"라고 말했다. 일을 못하는 직원에게는 앞으로 더 잘할 수 있을 것이라는 믿음을 심어줄 수 있도록 지속적인 칭찬으로 직원의 사기를 올려준다. 그만의 방식으로 직원에게 친절을 베푸는 것이다. 직원의 마음이 편해야 손님에게 베풀어지는 서비스가 그 효과를 나타내기 때문에 "점주인 내가 마음고생을 조금 하더라도 최대한 직원을 배려하려는 노력을 게을리 하지 않는다"고 하였다.

하지만 "보통 독한 마음을 갖지 않으면 항상 웃는 얼굴로 직원을 대할 수 없다"면서, "지금은 노하우를 터득해 괜찮지만 처음에는 많이 힘들었다"고 그동안의 어려움을 토로했다.

출처: http://www.google.co.kr

위의 사례에서 보듯이 배려는 상대가 편한 마음, 유쾌한 마음을 갖도록 친절히 대하는 것이다. 사실 점주인 A씨는 자신의 음식보다 손님에게나 종업원들에게 배려를 파는 것이다. 배려의 힘은 긍정의 부메랑이 되어 배려를 행한 사람에게 마치 행운의 여신처럼 되돌아온다. 성심을 다해서 베푸는 친절의 대가는 배가 되어 다시 돌아온다. 리더보다 약한 추종자에 대한 배려는 리더에 대한 신뢰, 존경심, 조직에 대한 충성 등으로 나타나게 된다. 따라서 리더는 추종자들을 존중하고, 온정적으로 대하고, 헌신하고, 지원하며, 이해와 관심을 갖는 배려의 리더십을 발휘해야 한다.

학교조직의 배려의 리더십을 위하여

교사들에게 배려를 잘하는 교장은 교사와 친밀한 관계를 유지하여 교장의 권한을 잘 행사하는 리더라고 할 수 있다. 배려는 교사보다 권한을 더 가지고 있는 교장이 행할 수 있는 선물이다. 배려를 잘하는 교장에 대한 교사의 행동은 협조적이고, 교장의 정책에 대해 긍정적이다. 배려가 없는 관계는 서로 적대적인 관계가 되기 쉽다. 배려가 있는 학교는 동료 간에 서로를 존중하고 신뢰하는 관계가 형성되어 있다. 학교정책에 대한 이견이 있어도 나의 입장만을 주장하기보다 다른 교사의 입장을 존중하는 성숙한 학교이다. 배려는 교장이 교사들에게 먼저 대접하는 풍토를 조성하면, 교사들도 배려의 풍토를 자연스럽게 긍정적으로 받아들이게 된다. 교장은 학교정책에 있어 교사들의 입장을 먼저 배려하고, 교사 개인의 입장을 배려해주는 것이 중요하다.

교사도 학생의 입장을 고려하여 교육적 결정을 해야 한다. 교사가 학생의 입장을 배려해주면 학생도 교사의 입장을 이해하고 받아들인다. 교사라는 권위적인 입장만 강조한다든지, 올바른 것이니까 학생들은 교사의 주장을 무조건 받아들여야 한다고 하면 학생들은 오히려 저항하고 교사의 의견을 받아들이지 않는 경향이 있다. 교사는 학생 개개인의 능력과 처지를 고려하여 배려해야 한다. 공정하지 못한 배려가 발생하면 학생들에게 나름대로의 상황이나 고려사항들을 설득하여야 한다. 배려는 학생과 교사 간의 보이지 않는 교육적 거래 같은 것이다.

배려의 리더십 향상을 위한 점검 사항

1. 리더 자신은 추종자들에게 친절한가?

2. 리더 자신은 추종자들에게 장기적 배려의 리더십을 발휘하고 있는가?

3. 리더 자신은 추종자의 어려움을 얼마나 지원해주는가?

4. 리더 자신은 추종자들의 든든한 후원자라고 생각하는가?

5. 리더 자신은 업무를 처리할 때 추종자의 입장에서 생각해보는가?

제7절 청렴의 리더십

20 또 가라사대 사람에게서 나오는 그것이 사람을 더럽게 하느
니라 21 속에서 곧 사람의 마음에서 나오는 것은 악한 생각 곧
음란과 도적질과 살인과 22 간음과 탐욕과 악독과 음탕과 흘기는
눈과 훼방과 교만과 광패(狂悖)니 23 이 모든 악한 것이 다 속에
서 나와서 사람을 더럽게 하느니라

마가복음 7장 20-23절

여기서 예수의 말씀은 인간의 내면의 정결함, 즉 마음의 깨끗함을 강조한다. 사람 안에서 나오는 것은 생각, 행동, 말 등을 포함하고, 하나님께 인정받는 것은 그 사람의 전 인격 곧 마음의 정결함이다. 사람의 악한 생각, 악한 태도들, 악한 행위들은 하나님과의 관계를 깨뜨린다. 하나님과의 올바른 관계를 정립할 때에만 마음의 정결함이 가능하다는 것이다(김천역 역, 2001). 따라서 청렴이란 어떤 일을 행함에 있어 조금도 부끄럽지 않은 당당하고 정직한 상태라고 정의할 수 있다.

위에 제시된 마가복음 7장 20절-23절의 가르침은 사람이 온전하지 못한 것은 외적인 모습이 아니라, 내적인 마음에서 문제가 된다는 것이다. 조직도 외부의 영향을 받아 때로는 나약해져서 쇠퇴하여 소멸하는 경우가 있다. 그러나 대부분의 조직의 문제는 외부보다는 내부에서 출발하는 경우가 많다. 특히 리더의 바른 마음이 중요하다. 리더 개인의 이익을 추구하는 그런 마음이 아닌, 조직 전체를 위한 생각,

행동, 말 등이 거짓 없이 정직해야 청렴하다고 할 수 있다. '정직이 최고의 정책이다'라는 말은 리더가 조직의 운영에 있어서 한 치의 탐욕이나 부정하지 않고 청렴하면 최고의 정책이 된다는 것이다. 리더의 부도덕은 조직의 부도덕으로 이어져, 조직은 병이 들어 사망하게 된다. 리더의 청렴한 행위는 우선 손해를 보는 것 같지만, 결국은 조직에게 이익이 되고 승리하는 결과를 가져온다.

조직의 관점에서도 리더의 청렴함은 매우 중요한 요소이다. 청렴하면 정직해질 수밖에 없다. 이와 관련된 연구로 명제창(1998: 94)은 도덕적 리더의 품성변인으로 청렴성을 제시하면서, 여기서 "청렴성이란 교장이 자신의 공적인 생활은 물론 사적인 생활에 있어 자신의 양심에 따라 떳떳하게 처신해야 하는 행동규범이며, 교장이 이 행동을 준수할 경우 그는 사생활에 있어 직원들에게 모범을 보이고, 자신의 직위를 이용하여 물질적 이익을 구하지 않는 행동을 하게 될 것이다" 라고 하였다. 또한, 정진환과 박병진(2001)은 교원이 준수해야 할 공식적인 법규로 청렴성을 중요한 요소로 제시하였다. 따라서 청렴의 리더십은 조직의 목표를 효과적으로 달성하기 위해 리더가 추종자들에게 정직하게 대하는 리더십이다.

성환기획의 심창수(직장인, 1990: 100) 전 사장은 "가장 중요한 것은 정직(청렴)과 성실이다. 전 직원이 평생직장이란 생각을 가지고 일할 수 있도록 노력하고 있다. 그래야만 일체감이 조성되어 회사 일도 내 집안일 같이 성심껏 해나갈 수 있을 것이다. 본인이 원해서 회사를 그만두면 몰라도 절대로 내가 먼저 직원을 해고시키지 않는다. 그들에게 소신껏 일할 수 있도록 뒤에서 길잡이 역할만 해줄 뿐이다"라고 하였고, 신동아 화재해상 보험의 김영동(직장인, 1990: 104) 전 사장도

"경영은 지식에 의해서가 아니라 의지에 의해서 발전하는 것이다. 윗물이 맑아야 아랫물이 맑다는 말은 이런 의미에서 나온 것 같다. 간부사원은 윗물의 위치에 있다는 것을 항상 명심해야 한다"고 하였으며, 현대건설의 이명박(직장인, 1990: 164) 전 회장도 "얄팍한 꾀를 부려 위기를 극복하는 것보다 고통스럽겠지만 그 길을 나아가는 것이 정말 위기를 정직하게 극복하는 길이라고 생각한다. 과정이 힘들더라도 정도로 나아가면서 끝내 성취하는 것이 더 보람 있다. 부동산 투기나 한탕주의로 해서 번 돈보다 어렵게 번 돈이 더 가치 있는 것이다"라고 하면서, 정직(청렴)을 경영철학으로 제시하였다. 즉 정직(청렴)은 회사의 길잡이가 되고, 경영은 곧 정직이며, 정직은 어려움을 극복하는 길이라는 것이다.

사회에서는 조직의 리더가 성공하려면 강한 태도를 가져야 하는데, 특히 말을 강하게 함으로써 카리스마를 가지라고 조언한다. 외형적으로 보여 지는 머리, 복장 등도 매우 중요한 요소로 강조되고 있다. 심지어는 외모를 너무 중요시한 나머지 성형수술을 하는 지도자도 있다고 한다. 이렇게 해야 다른 사람에게 신망을 얻는 리더가 될 수 있다는 것이다. 그러나 내면의 정직함에서 발휘되는 리더십이 아닌 외형의 모습을 통한 리더십은 추종자들에게 신뢰를 받지 못하는 순간적인 연기(play)와도 같은 것이 된다.

오늘날 많은 사람들은 외형에 지나친 신경을 쓰다 보니, 내면이 너무 부실하여 공허하고 진실성이 결여되어 있다. 그래서 자꾸 자신의 외형을 남에게 보여주려 한다. 우리의 외면은 그럴듯해 보이는 데 내면의 세계는 점차적으로 망가지고 있다. 오죽하면 우리 사회에 몸짱이니, 얼짱이니 하는 신드롬까지 생겼을까!

조직을 이끌어가는 리더가 청렴(정직)의 리더십을 발휘하기 위해서는 다음과 같은 내용을 살펴야 한다. 첫째, 자신의 내면의 세계가 풍성할 수 있도록 끊임없이 노력해야 한다. 이를 위해서 자신의 내면이 정결해야 한다. 그리고 자신의 내면의 소리에도 귀기울여야 한다. 리더가 추종자에게 보여주기 위해, 화려함을 뽐내기 위해, 외형적인 면에 자꾸 신경을 쓰다보면 물질, 권력, 이익 등에 집착하여 이기적·부도덕·비인간적인 행동을 하기 쉽다. 그러다보면 결국 조직의 목표에 정진하기보다는 인기에 집착하고, 조직의 추종자들에게 정직하게 대하기가 점차 어려워진다.

둘째, 리더는 추종자들에게 말이나 행동에 있어서 정직해야 한다. 추종자들에게 일시적인 신뢰를 얻기 위해 실없는 말을 한다거나 지키지 못할 말을 해서는 안 된다. 리더의 정직한 말은 신뢰에 매우 중요한 요소로 작용한다. 따라서 리더는 자신뿐만 아니라 추종자들에게 늘 정직하게 대하여야 한다.

셋째, 리더 자신의 내면적 삶이 건설적이며 정신적인 풍요를 위해 얼마나 노력하고 있는지를 자주 관찰해야 한다. 즉 청렴을 추구하며 사는 것이 리더의 생활임을 자랑스럽게 생각해야 한다. 리더의 본질적 의미는 존경을 받으며 사는 존재이지 물질의 이득이나 직위를 드높이기 위해 사는 존재가 아니기 때문이다. 단지 법이나 제도만으로 조직을 성공적으로 이끌 수 없다. 따라서 훌륭한 리더가 되려면 먼저 자신의 내면을 거울 닦듯이 깨끗이 하려고 노력한다.

정직(청렴)으로 사업에 성공한 한 사람의 사례를 살펴보자. 서라벌, 피카소, 엘비스, 모델, 화사랑, 맹순이 꽃게찜, 일 마레, 대게도락, A식당…. A사장이 지금까지 경영해 왔던 외식업 브랜드를 꼽아보면

17개나 된다. 20대 때부터 지금까지 17년 동안 외식업에만 줄곧 매진해 온 결과다. 지금은 대형 레스토랑과 프랜차이즈 사업을 운영하고 있다. 그의 식당은 평균 개설 비용이 3억 원으로 중형 프랜차이즈로 분류된다.

A사장이 처음 외식업에 발을 내디딘 것은 스물여덟 살 때다. 보통 이렇게 일찍 사업에 손을 댈 경우 실패와 성공을 반복하면서 큰 사업에 성공하거나, 아예 망하거나 하는 것이 일반적인 사업가의 길이다. 하지만 A사장은 꾸준히 성공 가도를 달리며 사업을 키워 온 케이스다.

고등학생 때 호텔 지배인이 그렇게 멋있어 보였다는 김 사장은 관광학과를 졸업하고 호텔에 취직했다. 국내 유수의 특급호텔인 신라호텔, 롯데호텔, 하얏트호텔의 '호텔리어'가 되었지만 정작 취직해서 경험한 호텔 지배인이 그렇게 멋있기만 한 직업은 아니라는 것을 깨닫는 데는 오래 걸리지 않았다. 결국 자기 사업을 시작하기로 결심한 A사장은 1년 4개월의 호텔 생활에서 얻은 실전 감각으로 1990년 레스토랑 '서라벌'을 개업했다. 1억 5000만 원을 들여 30평의 가게를 얻었다. "물론 그 돈은 부모님께서 빌려주신 것이었죠." 짧은 호텔 수습사원 기간에 모은 돈이 거의 없었기 때문에 부모에게 의지할 수밖에 없었다. 그러나 그의 부모도 이를 선뜻 내준 것은 아니었다. '차(車)를 사줄 테니 직장을 계속 다녀라', '직장을 좀 더 다녀 보고 해봐라'라며 극구 만류했다.

그러나 A사장은 호텔에서 배운 서비스의 기본기를 바탕으로 서라벌을 안정적으로 운영하는 데 성공했다. 서라벌을 처분하고 카페 '피카소', 주점 '화사랑'으로 가게를 키웠다. 4년 뒤에는 당시 유행하던 로큰롤 바를 홍대 앞에 차렸다. 사업은 커나갔지만 젊은 나이에 큰돈을 만지다 보니 한때 자만심에 빠져 방탕한 생활에 빠지기도 했다. 결국 보다 못한 A 사장의 부모가 가게를 처분해 버리자 충격을 받은 김 사장은 6개월 동안 매일 밤술에 절어 있을 정도로 방황했다.

"돌이켜보면 그때가 오늘의 나를 만든 것이 아닐까 하는 생각이 듭니다." 심기일전한 A사장은 다시 2억 원을 빌려 새로운 사업을 시작했다. 투자자로부터 펀딩한 15억 원으로 강남네거리에 250평 규모의 레스토랑 '일 마레' 강남점을 차렸다. 그 전과는 달리 A사장은 이 사업에 자신의 모든 것을 걸고 절박한 심정으로 일에 매달렸다. "더 이상 물러날 곳도 없고, 빚도 지다 보니 여기에 '올인'한다는 생각으로 뛴 결과 4년 동안 빚을 갚았습니다."

A사장은 여기에서 멈추지 않고 새로운 사업을 구상하기 시작했다. "일 마레도 건물 한 층을 다 쓸 정도로 큰 규모였지만, 더 큰 규모로 사업을 해보고 싶은 생각이 들었습니다." 결국 의정부에 500평의 부지를 매입하고, 중국, 일본, 필리핀, 태국, 홍콩 등지를 돌며 사업 아이템을 찾아 나섰다. 일본의 '간이도락'에서 아이디어를 얻은 '대게도락'을 2001년 시작했다. 아예 전용 건물을 지어 초대형 레스토랑으로 시작했다.

대게도락의 주 메뉴는 게 요리다. 4인 기준 1kg에 10만 원이다. 여기에 그치지 않고 서브 메뉴를 한식, 중식, 일식, 양식 등 11가지를 푸짐하게 제공하는 것이 인기 비결이다. 육회, 보쌈, 케이준 샐러드 등 최신 유행 메뉴를 바로바로 적용하고 있다. 한 자리에서 시중의 '맛있다는 음식'들을 다 맛볼 수 있도록 한 것이다. 지금까지 개발한 메뉴는 50가지가 넘는다.

홍보 전략도 남달랐다. A사장의 전략은 '줄을 서게 만들자'는 것이었다. 이를 위해 개업 후 15일 동안 방문한 고객을 추첨해 김치냉장고 한 대를 매일 경품으로 줬다. "김치냉장고 한 대를 100만 원이라고 하면 보름간 1500만 원이 들지만, 15억 원을 들인 가게에 비하면 그 정도는 얼마 들지 않은 것"이라고 A사장은 귀띔하고 있다.

초대형 레스토랑에 이은 다음 사업은 프랜차이즈 사업이었다. 건물 한 칸, 건물 한 층, 건물 전체로 규모를 키우자 더 큰 규모의 사업이 없을까 궁리해낸 끝에 찾은 사업이다. 2003년 1호점을 개설한 샤부샤부 전문점 A식당은 현재 69개 가맹점으로 늘어날 정도로 성공 가도를 달리고 있다. 올해까지 110개, 2009년까지 400개를 목표로 하고 있다. “행복 추풍령처럼 7년차에 가맹점 400개 정도는 돼야 성공했다고 할 수 있는 것 아니냐”고 A사장은 반문한다. 아직 성공했다고 얘기하기에는 이르다는 것이다. 그럼에도 불구하고 A사장의 ‘성공’ 노하우를 물어 봤다.

A사장은 ‘정직(청렴)’이라는 말을 먼저 했다. 여러 가지 뜻이 있지만 특히 가격 대비 원가 비율의 적정선을 강조했다. “A식당의 성공 비결은 6000원이라는 가격에서 음식의 원가 비중이 35%가 되도록 했고, 대게도락은 40%입니다. 옛날에는 고객들이 10~20%에도 만족했을지 몰라도 이제는 인터넷 정보기술이 발달해 30~40%로 가격 대비 만족감을 주지 못하면 실망해서 돌아가게 됩니다.”

출처: http://www.google.co.kr

위의 사례에서 나타나듯이 고객들은 사업주의 정직성을 잘 알고 있다. 주인은 식사를 적당한 가격에 고객에게 제공하고 있는지, 지나치게 비싼 가격으로 제공하는지를 스스로 판단한다. 주인의 정직한 서비스가 제공되면 고객은 스스로 찾게 된다. 정직은 신뢰를 형성하여 영원한 고객으로 이어질 수 있다.

정직(청렴)은 리더 자신의 공적인 생활은 물론 사적인 생활에 있어 자신의 양심에 따라 떳떳하게 처신하는 행동규범이다. 정직의 리더십은 추종자들에게 정직한 언행과 정결한 생활을 통해 모범적인 행동을 보임으로써 추종자들을 도덕적으로 이끌어 조직에 효과를 내는 리더십이라 할 수 있다. 따라서 리더는 추종자들에게 항상 도덕적으로 떳떳할 수 있도록 스스로 도덕적 모범을 보이며, 자기관찰과 자기분석을 통하여 반성하고, 내면을 정화하고 순화하는 것이 필요하다. 리더는 조직을 경영하는데 있어서 청렴한 품성의 도덕성을 발휘해야 효과적이고 높은 수준의 조직이 될 수 있다는 것을 인식해야 한다. 따라서 리더는 의사 결정시에 도덕적 행위를 발휘할 수 있도록 도덕적 지침을 마련하거나, 평소에 도덕성 개발을 위한 훈련을 하는 것이 필요하다.

학교조직의 청렴의 리더십을 위하여

교사들이 교장을 존경하는 요소 중의 하나가 청렴이다. 청렴한 교장은 교사들에게 당당하고 능동적인 행동을 보여준다. 반면에 권위를 주장하는 교장은 자신의 실수를 교사들에게 보이지 않으려고 숨기거나 다른 것으로 회피하려는 경향이 있다. 교사들이 싫어하는 교장의 모습이다. 교사들은 교장도 실수할 수 있고 부족한 부분이 있다는 것은 인정하며, 그것을 수용한다. 교장이 자신의 실수를 공개적으로 인정하고 교사들에게 이해를 구하는 교장을 더 좋아하고 협조적이다. 교장의 권위는 청렴에서 나온다. 청렴은 단지 내적인 깨끗함만이 아니라, 자신의 이익을 추구하지 않는 절제를 포함한다.

교사의 당당함은 높은 전문성과 청렴에서 나온다. 청렴한 교사를 학생들은 가볍게 보지 않는다. 역시 선생님이구나! 하는 반응을 보인다. 그것은 학생들이 교사를 존중한다는 표현이다. 존경받지 못하는 교사는 학생을 지도하기 어렵다. 교사가 교사답게 만드는 요인 중의 하나가 청렴성이다. 청렴은 교사가 자신의 직무에 한 치의 부도덕한 거리낌 없는 것을 말한다. 청렴은 교사의 사명감과 교육적 신념을 공고히 하는 힘을 제공한다.

청렴의 리더십 향상을 위한 점검 사항

1. 리더 자신은 평소에 말이나 행동에서 정직한 생활을 하고 있는가?

2. 리더 자신의 언행을 추종자들이 정직하다고 평가하고 있는가? 만약 그렇지 못하다면, 왜 그런가? 자신의 성격인가, 아니면 일시적인 전략인가?

3. 리더 자신은 청렴을 좀 더 고양시키는 생활을 하고 있는가? 예를 들면, 종교생활이나 내면을 수양하는 훈련이라든가?

4. 리더 자신은 청렴의 필요성을 자주 인식하고 있는가?

제8절 솔선수범의 리더십

13 너희는 세상에 소금이니 소금이 만일 그 맛을 잃으면 무엇으로 짜게 하리요 후에는 아무 쓸데없어 다만 밖에 버려져 사람에게 밟힐 뿐 이니라 14 너희는 세상의 빛이라 산 위에 있는 동네가 숨기우지 못할 것이요 15 사람이 등불을 켜서 말 아래 두지 아니하고 등경 위에 두나니 이러므로 집안 모든 사람에게 비취니라 16 이같이 너희 빛을 사람 앞에 비취게 하여 저희로 너희 착한 행실을 보고 하늘에 계신 너희 아버지께 영광을 돌리게 하라

마태복음 5장 13-16절

예수는 하나님과 제자들 사이의 독특한 관계를 강조하면서, 오로지 하나님의 의를 실현하기 위해서는 세상의 빛과 소금이 되라는 것이다. 즉, 착한 행실을 보이는 것이 하나님과 제자들의 관계라는 것이다. 여기서 착한 행실의 삶, 빛과 소금 같은 삶은 솔선수범하는 모범적인 삶이다(채천석, 2000: 224-227).

여기서 빛과 소금은 사람들에게 모범적인 모습을 보여주는 상징적인 사물로써, 다른 사물과 섞이거나 오염되지 않은 고유한 본질적 특성을 나타내며 사람들에게 유익을 제공하는 것으로 보여준다. 즉, 모범적인 행위의 표본으로 이해할 수 있다. 따라서 솔선수범은 타인보다 선한 것을 앞서서 행하므로 모범을 세우는 것으로 정의할 수 있다.

위의 마태복음 5장 13절-16절의 가르침을 리더의 관점에서 살

펴보면, 리더는 추종자들에게 빛과 소금 같은 존재가 되어야 한다는 것이다. 만약 조직의 리더가 추종자들에게 빛과 소금 같은 모범적인 존재가 되지 못한다면 리더는 더 이상 추종자들에게 존경과 신뢰를 받지 못하는 허수아비 리더일 뿐이다. 리더로서의 존재 가치를 상실하게 되면 추종자들과의 인간관계나 권력관계가 정상적으로 이루어질 수 없게 된다. 따라서 조직이 어려움을 처할 때나, 어려운 의사결정을 할 때에 리더는 추종자들에게 솔선수범하여 모범을 보여주면서 앞으로 나아가야 한다는 것이다.

리더의 중요한 덕목 중의 하나는 솔선수범이다. 리더의 솔선수범은 특히 조직이 위기에 빠져있을 때 그 빛을 발하게 된다. 이와 관련된 연구에서 Stogdill(1948: 64)은 리더가 갖추어야 할 중요한 자질 중의 하나를 솔선수범으로 보았고, 조평호(1998)도 변혁적 리더는 리더자신이 가치, 신념에 따라 헌신적으로 행동하며 추종자들보다 모든 일을 솔선수범하는 행동이 강조된다고 하였다. 따라서 솔선수범의 리더십은 조직의 목표를 효과적으로 달성하기 위해 리더가 추종자들에게 모범적인 행위를 보여주는 리더십이다.

기아산업의 김선홍(직장인, 1990: 33) 전 사장은 "덕을 쌓고 솔선수범하면서 길을 바로 잡아주는 것이 경영자의 기본이다. 자신이 아무리 뛰어나다 해도 공동생활을 바탕으로 하는 오늘날에는 별 의미를 부여받지 못한다. 관계가 상하든 동료든 호흡이 맞아 함께 목표를 향해 매진할 때 발전은 보장된다. 그러므로 아랫사람에게는 관대하고 자신은 바늘 끝과 같이 예리하게 행동해야 한다"면서, 솔선수범을 경영철학으로 제시하였다. 화승그룹의 현승훈(직장인, 1990: 170) 전 회장도 "인화의 연장선상에서 튀는 사람은 별로 좋아하지 않는다. 꼭 지시를 하지 않더라도 일을 찾아서 조용히 진행해 나가는 사람을 중요시 한다"면서, 조직에서 무슨 일이든 먼저 스스로 찾아서 일하는 솔선수범의 행동을 경영 철학으로 삼았다.

조직의 추종자들은 항상 리더의 행동과 생활방식에 주목한다. 이것은 리더로서 매우 부담스러운 일이나, 만약 리더가 이기적이고 모범적이지 못한 비윤리적인 행동을 하게 된다면 리더의 권위는 곧바로 손상을 입게 될 것이다. 리더의 모범적이지 못한 행동은 조직 효과성을 감소시킬 뿐만 아니라 조직의 건강을 잃게 하는 요인이 된다.

그럼, 리더의 솔선수범의 행동은 구체적으로 어떤 것일까? 첫째, 리더 자신이 추종자들에게 모범적인 행동을 보이는 것이다. 즉 조직의 모든 활동에서 무엇을 어떻게 하는지를 모범적으로 보여주는 것이다. 리더의 모범적인 행동이야말로 추종자들에게 자신감과 활력의 에너지를 불어 넣어준다. 특히 언행일치는 매우 중요한 요소이다. 언행일치가 되지 않으면 추종자는 리더를 신뢰하지 않아 따르지 않게 된다. 둘째, 조직이 어려운 일을 당했을 때, 헌신하는 모습을 당당히 보여주는 것이다. 그렇게 되면 추종자들은 조직에 위기가 와도 리더의 행동을 따르게 된다. 나만 따라오면 문제가 해결될 수 있다는 결연하고 당당한 모습을 먼저 보여주는 것이다.

2007년 피터 드러커 혁신상을 받은 한 사례를 살펴보자. 해양경찰청은 14일 정부기관 최초 2007 피터 드러커 창조경영부문 혁신상(한국 피터 드러커 소사이어티 주관)을 수상하는 영예를 차지하였다. 해양경찰청은 예산의 쓰임새에 대한 다양한 분석으로 재정투입 후 나타나는 성과와 효과를 생산적으로 피드백할 수 있는 재정성과관리시스템(Budget Performance System)을 개발하였고, 이 시스템을 활용하여 동일한 예산을 가지고도 더 많은 서비스를 국민에게 제공할 수 있게 되었다.

지금까지 재정운용시스템은 재정주관 부처에서 각 예산항목마다 일정금액을 편성한 후 적법한 집행과정을 거쳤는가를 확인하는 것이 전부였으나, 해양경찰은 그간의 재정운용의 관행을 깨고 예산을 투입함으로써 국민에게 어떤 혜택이 돌아가는가에 중점을 두고 예산의 투입부터 집행, 성과의 전 과정을 모니터링을 하고 있다.

특히, 성과와 사업의 중요도라는 두 가지 요소를 가지고, '확대해야 할 사업'과 '축소해야 할 사업', '유지해야 할 사업'과 '폐지해야 할 사업'을 구분하여 필요 없는 예산을 과감하게 구조 조정하여 국민들에게 꼭 필요한 사업에 집중 투자하고 있다.

2005년에는 재정성과관리시스템(BPS)을 활용하여 74억 원의 자체 구조조정 재원을 마련하여 「안전한 바다 만들기」 프로젝트에 집중 투자하여 지난해부터 연안 해역 및 해수욕장 등에 고속제트보트, 수상오토바이를 배치시켜 안전관리에 최선을 다하고 있다. 그 결과, 지난해 10월 「재정성과관리시스템(BPS)을 활용한 효율적인 재정운용 사례」를 한국 행정학회 주관 국제학술대회에서 공공부문 재정혁신 사례로 발표하여 독창적이고 실천적인 모형으로 평가받았으며, 올해는 피터 드러커 혁신상을 수상하는 영광을 차지하게 되었다. 피터 드러커 혁신상은 한국에서 혁신, 평생학습, 사회책임을 선도하고 솔선수범하는 민간, 공공, 사회 분야의 우수기관 및 단체들을 발굴하여, 미래의 귀감이 되도록 리더십을 발휘케 하려는 취지로 제정되었다.

출처: http://www.google.co.kr

위의 사례를 통하여 얻을 수 있는 교훈은 아무리 좋은 정책이나 제도도 솔선수범의 행동을 보여주지 않으면 의미가 없다는 것이다. 즉 리더는 모범적인 행동을 보여주어야 리더의 존재감이 부각된다. '위기는 기회이다'라는 말처럼 리더는 위기에 처한 상황에 있을 때, 솔선수범의 행동으로 추종자들을 이끌어야 한다. 솔선수범의 리더는 먼저, 자신이 무엇을 해야 하는지를 알고 있다. 즉 조직에 위기가 왔을 때, 리더는 자신이 어떤 행동을 취해야 한다는 것을 알고서 주저하지 않고 모범적 행동을 한다. 리더의 눈앞에는 자신보다는 조직의 추종자들이 있다. 리더는 항상 '나를 따르라'는 식의 당당한 모습을 추종자들에게 보여준다. 따라서 솔선수범의 리더십은 추종자들에게 나아가야 할 모범적인 방향을 제시하고, 그들 스스로 과업을 성실히 수행함으로써 조직의 효과성을 높이는 리더십이라 할 수 있다.

학교조직의 솔선수범의 리더십을 위하여

교육은 교육자가 피교육자에게 모범적인 모습을 보여주는 하나의 과정이다. 학교장이 학교의 목표를 효율적으로 달성하기 위해서는 먼저 교사들이나 학생들에게 솔선수범하는 모습을 보여주어야 한다. 단지 교장이라는 이유로 교사들에게 일방적으로 지시하거나 명령하는 태도는 리더십의 권한을 약화시키고 교사와의 관계를 손상시킨다. 교장은 교사보다 교육적인 면에서 경험과 전문성이 풍부한 사람이다. 그래서 교사의 리더이다. 학교조직의 리더는 먼저 솔선수범하는 모습으로 리더의 권위가 세워진다. 솔선수범하지 않는 교장은 교사들이 더 이상 존경하거나 협조하지 않는다.

솔선수범을 가장 민감하게 느끼는 관계는 교사와 학생이다. 교사는 교육의 모습을 현장에서 직접 학생들에게 말하고 보여주는 사람이다. 그래서 학생들은 교사가 작은 실수를 하면 바로 지적하고 실망을 한다. 학생들의 머릿속에 교사는 교육의 모든 부분을 모범적으로 보여

줄 수 있는 사람이라고 인식하고 있다. 교사는 이 점을 늘 염두에 두고 교육을 해야 한다. 교사가 학생들에게 교육을 할 때 실수를 할 경우나 부족할 경우에는 바로 그것을 인정하고 학생들을 설득하고 이해시키는 노력이 요구된다. 그것을 놓치게 되면 학생들은 교사를 믿지 않으려는 경향을 보인다. 따라서 교사는 학생들에게 솔선수범의 모습을 보여주도록 노력하여야 하며, 그런 능력을 가질 수 있도록 준비하는 것이 필요하다.

솔선수범의 리더십 향상을 위한 점검 사항

1. 조직이 어려움에 직면하여 추종자들이 우왕좌왕할 때 리더 자신은 추종자들에게 먼저 앞으로 나아갈 방향을 당당하게 제시하는가?

2. 리더는 조직의 문제를 해결할 때 소극적인가, 적극적인가?

3. 리더 자신은 추종자들을 위해 얼마나 모범적인가? 또 얼마나 헌신적인가?

4. 리더는 조직을 이끌어가는 측면에서 자신이 추종자들에게 솔선수범의 능력을 가지고 있는가?

제9절 공평의 리더십

12 너희 생각에는 어떻겠느뇨 만일 어떤 사람이 양 일백 마리
가 있는데 그 중에 하나가 길을 잃으면 그 아흔 아홉 마리를 산에
두고 가서 길 잃은 양을 찾지 않겠느냐 13 진실로 너희에게 이르
노니 만일 길을 잃지 아니한 아흔 아홉 마리보다 이것을 더 기뻐
하리라 14 이와 같이 이 소자 중에 하나라도 잃어지는 것은 하늘
에 계신 너희 아버지의 뜻이 아니니라

마태복음 18장 12-14절

위의 예수의 가르침은 백 마리의 양 중에서 한 마리 양의 소중함을 강조하고 있다. 즉, 아흔 아홉 마리의 양과 같이 한 마리의 양도 꼭 같이 공평하게 소중한 존재라는 것이다. 즉 길 잃은 양이 돌아온 것에 대한 기쁨은 목자의 눈에 각각의 양이 모두 공평하게 중요하다는 사실을 지적해주고 있다(채천석 역, 2000).

아흔 아홉 마리의 양도 양이고 한 마리의 양도 양으로서 존재가치가 모두 똑같이 있다. 수의 많고 적음의 문제가 아닌, 양이라는 생명 그 자체의 소중함을 말하는 것이다. 따라서 공평이란 어느 한쪽에 치우치지 않고 똑 같음이라고 정의할 수 있다.

신약성서는 공평에 대한 중요성을 여러 곳에서 강조하고 있다. 예를 들면, <골 4:1>에 "상전들아 의와 공평을 종들에게 베풀지니 너희에게도 하늘에 상전이 계심을 알찌어다." <딤전 5:21>에 "하나님

과 그리스도 예수와 택하심을 받은 천사들 앞에서 내가 엄히 명하노니 너는 편견 없이 이것들을 지켜 아무 일도 편벽되이 하지 말며", <히 1:8>에 "아들에 관하여는 하나님이여 주의 보좌가 영영하며 주의 나라의 홀(笏)은 공평한 홀이니까"와 같이, 공평의 개념을 중요하게 제시하고 있다.

위의 마태복음 18장 12절−14절의 가르침의 공평은 양의 수에 대한 공평이 아니라 각각의 양의 생명에 대한 공평의 소중함을 말하고 있다. 즉 아흔 아홉 마리의 양의 수와 한 마리 양의 수가 똑같이 중요하다는 뜻보다는 각각의 아흔 아홉 마리 양과 한 마리의 양은 각각의 존재로서 중요하다는 것이다. 양의 수보다는 각각의 양의 생명에 대한 소중함을 말하고 있다. 조직에서도 소수의 추종자들도, 각각의 추종자도 서로 소중하다. 어떤 추종자는 업무능력이 다른 추종자보다 우수하여 조직에 이익을 주는 경우가 있고, 업무능력이 우수한 추종자나 조금 부족한 추종자도 그 나름대로 조직의 위치에서 적절한 역할이 있다.

조직에서 추종자들의 위치에 따른 업무능력을 우수한 능력으로만 평가해서는 안 된다. 다양한 업무의 특성, 상황 등에 따라 추종자의 능력이 다르게 발휘될 수 있다. 하나의 특성만 가지고 평가해서 이 추종자는 저 추종자보다 더 우수한 추종자라고 결정하고 대우하는 것은 올바른 인적관리가 아니다. 추종자 각각의 특성을 소중히 여기는 인적관리가 중요하다.

물론, 조직에서 추종자들을 공평하게 대한다는 것이 쉽지는 않다. 그러나 추종자와 리더의 인간관계가 상처를 받거나 어긋나는 대부분의 경우가 공평하지 않은 경우에서 발생한다. 같은 업무성과에 대해 공평하게 대우받지 못했다고 느끼는 추종자가 발생한다면 그 추종자는 리더와 나보다 더 대우를 받은 상대를 미워하거나 경계의 대상이 되거나, 혹은 비우호적인 관계가 형성된다. 이런 관계는 조직의 목표 달성에 부정적인 결과를 초래할 뿐만 아니라, 조직의 풍토가 부정적으로 형성할 수 있는 기초가 되므로, 리더는 공평을 매우 긴장해서 발휘해야 한다.

특히, 조직에서 리더는 능력이 부족하여 보잘 것 없다고 생각하는 조직의 추종자, 그 누구도 무시하지 말아야 한다. 모든 사람은 동등하게 소중한 인격을 가지고 있다는 점을 잊지 말아야 한다. 그렇지 않으면 리더와 적대적인 관계가 형성된다. 즉, 사람마다 각자 독특한 가치를 가지고 있으므로 모두 조직에 고귀한 존재로 대해야 한다.

공평의 개념과 관련된 연구로 Calabrese(1986: 2)는 효과적인 교장은 윤리적 교장이어야 한다면서, 도덕적 리더십은 공평성과 관계한다고 주장하였으며, 명제창(1998: 95)은 도덕적 리더의 품성요인으로 공정성을 제시하면서, 여기서 "공정성은 교장이 직무수행 과정에서 직원들에 대한 차별을 배격하여 직원과의 관계에 있어서는 물론, 직원 상호간의 갈등이 유발되지 않도록 하는 행동 규범이며, 교장이 이 행동 규범을 준수할 경우 직원에 대한 선입견을 갖지 않고, 직원들을 적재적소에 배치하며, 인사행정에 일관된 적용을 할 것이다"라고 하였다. 또 정진환과 박병진(2001: 372)도 공정성을 교원이 준수해야 할 공식적인 법규로 제시하였다.

Adams의 공정성 이론에 따르면 과대보상과 과소보상은 모두 불공정성을 자극한다고 한다. 즉, 추종자들은 부족한 보상에 불만족을 느끼고, 과도한 보상에 대해서는 부담감을 지각하게 된다는 것이다. 따라서 추종자들이 리더와 불공정한 거래를 하고 있다고 느낄 때에는 직무불만족을 갖는다. 공정성 확보를 위해, 과소보상시에는 산출의 상향조정이나 투입의 하향조정, 과대보상 시에는 산출의 하향조정이나 투입의 상향조정 등 다양한 행동이 나타난다고 한다(안암교육행정연구회, 2014: 94). 따라서 공평의 리더십은 조직의 목표를 효과적으로 달성하기 위해 리더가 추종자들에게 차별 없이 공정하게 대하는 리더십이다.

리더가 공평의 리더십을 확보하기 위해서는 다음과 같은 점을 유의해야 한다. 첫째, 공평을 저해하는 요소는 리더가 학연, 지연, 혈연, 그리고 사적인 관계나 감정으로 조직의 과업을 수행하는 일이다. 성실히 최선을 다해서 좋은 성과를 낸 추종자에게는 그에 적절한 대가나 보상이 이루어져야 한다. 이러한 기본적인 규칙이 실천되지 않으면 조직은 신뢰가 깨지고 불신과 불만으로 가득 차게 되어 효과성을 기대하기 어렵다. 조직의 불공평으로 인한 추종자들의 상실감, 허탈감은 리더를 더 이상 신뢰하거나 존중하지 않게 되어 조직의 효과성을 담보할 수 없다. 조직에 불공평한 분위기가 존재한다는 것은 리더가 리더십을 바르게 행사하지 못하고 있다는 증거이다.

둘째, 중요하게 다루어야 할 또 다른 점은 조직이 정한 과업의 규칙은 반드시 실천하는 것이다. 만약 리더가 조직의 규칙을 지키지 않고 자신의 직위를 이용하여 오용한다면, 이것 또한 조직을 쇠약하게 만드는 원인이 된다. 물론, 공평하게 한다고 해서 모든 것을 자로 재듯이 할 수는 없다. 그러나 리더는 누구에게나 합당할 수 있을 만큼 공평하도록 노력하는 것이 중요하다. 그리고 리더가 특별한 상황에 의해 공평의 원칙이 지켜지지 못하는 부분에 대해서는 추종자들의 불평이 생기기 전에 미리 협조와 이해를 구하는 노력을 해야 한다. 그러한 노력과 조정을 하는 것이 리더의 의무이자 권리이다. 이것을 회피하는 리더는 리더의 자격을 상실한 것이나 다름없을 뿐만 아니라, 조직의 단합은 기대할 수 없으므로, 결국에는 조직을 통제할 수 없게 된다.

공정한 인사 관리 체제 구축에 노력하고 있는 수자원 공사의 사례에 대한 기사 내용을 살펴보자. 우리 공사는 전국에 사업장이 분포돼 있다. 어느 사업장에는 4급 대리 혼자 나가 있는 경우도 있다. 때문에 인사의 투명성, 형평성이 매우 중요하다. 어느 날 서울에 있는 직원에게 울릉도로 가라고 할 때, 그가 그 인사에 대해 이해하고, 따를 수 있어야 한다.

그러나 공평한 인사를 위해 도입된 순환보직은 전문가 양성을 어렵게 한다. 이번 시스템은 형평성과 투명성을 확보하는 동시에 전문성도 갖출 수 있는 인사체계를 지원하기 위한 것이다. 이를 위해 직원 개인의 이력과 역량에 대한 정확한 근거 데이터가 필요하다. 기존에는 누가 어느 부서로 이동했는지 정도의 데이터밖에 없었다. 새 시스템은 어느 부서에서 업무를 했으며, 어떤 역량을 가지고 있는지 상세한 데이터가 기록돼 있다. 즉 채용, 정보, 배치, 복지, 퇴직 등 모든 인사의 라이프 사이클(life cycle)을 HR－BANK를 통해 진행할 것이다.

SAP의 HR 모듈과 우리 프로세스가 일치하지 않는 부분이 있다. 우리나라는 대부분 사람중심으로 인사가 이뤄지는데 반해 SAP는 시스템 자체가 직무중심으로 돼 있다. 그러나 이는 SAP의 문제라기보다는 세계의 베스트 프랙티스(practice)다. SAP의 베스트 프랙티스에 따라 우리 인사 철학을 이번에 직무중심으로 바꿨다.

또 하나 SAP HR 모듈이 현지화되지 않은 부분이 있다. 그래서 패키지를 도입하면서도 개발이 많이 들어갔다. ERP사업에서 개발이 많이 들어가면 프로세스 혁신을 못했다고 생각하는 사람들이 있지만, 시스템을 더 친근하게 만드는 데 개발이 필요하다고 생각한다.

또 현업과 IT부서가 함께 일하는 것이 생각만큼 쉽지 않았다. 예를 들어 인사담당 부서는 인사철 같은 특정 기간 동안 굉장히 바쁜데,

이런 구조가 IT부서의 구조와 달라 힘든 부분이 있었다. 그러나 이 프로젝트의 발의 자체를 인사부서에서 했을 정도로 현업의 의지가 강했기 때문에 성공적으로 완성할 수 있었다.

가동 후 경영층이나 직원들의 반응에 대해서는 아직 경영층이나 직원들이 평가를 내리기는 이른 단계다. 다만 새로운 시스템에 대한 적응은 빠른 것으로 평가된다. 일반적으로 글로벌 벤더의 패키지를 통해 구축한 회사들이 초기단계에서 쇼크 상태에 빠지는 경우를 볼 수 있는데, HR－BANK는 큰 쇼크 없이 안정화되고 있다.

인사 프로세스는 SAP의 베스트 프랙티스를 이용했지만, 화면구조 등 사용자 인터페이스를 우리 현실에 맞게 개발했기 때문이라고 본다. 다른 기관의 경우 안정화되는 기간이 1년 정도 걸리는 것으로 알고 있는데, HR－BANK는 큰 쇼크 없이 안정화 상태에 들어섰다.

HR－BANK로 인하여 인사이동 이후 잡음이 많이 줄어들 것으로 기대하고 있다. 앞에서 말한 것처럼 우리 공사의 특성상 인사 이후 잡음이 많았다. 그러나 HR－BANK가 정확한 근거로 데이터를 제공하면, 이 같은 잡음은 많이 사라질 것으로 보인다.

출처: http://www.google.co.kr

위의 사례에서 나타난 것처럼 한 조직에서 인사체제는 매우 중요한 요소이다. 누구나 납득할 수 있는 공정하고 투명한 체제가 수립되어 관리되어야 한다. 공정한 인사는 리더를 신뢰하는 결과를 가져와 조직의 안전성과 과업의 효율성을 확보할 수 있다. 따라서 공평의 리더십은 리더가 직무수행 과정에서 추종자들에 대한 차별을 배격하고, 추종자들과의 관계에 있어서 상호간의 갈등이 유발되지 않도록 공정한 행동을 함으로써 조직의 효과성을 증가시키는 행위이다. 리더가 공평의 리더십을 잘 발휘하면 추종자들에게 존경을 받고, 추종자들을 적재적소에 배치하여, 인사행정의 효율성을 확보할 수 있다.

학교조직의 공평의 리더십을 위하여

학교조직 관리에서 공평의 개념은 종종 많은 쟁점이 되고 있다. 특히, 학교조직의 평가영역에서 문제가 된다. 평가의 기준이 있지만, 그 기준에 따라 평가하는 사람이 대부분 학교 관리자이기 때문에 교사와 갈등관계가 야기된다. 평가의 주체가 사람이다 보니 모든 부분을 정확하게 평가하기가 쉽지 않고, 인간적인 문제가 평가에 어느 정도 개입되는 경우도 가끔 발생한다. 물론, 평가하는 관리자의 어려움이 존재하나, 평가받는 교사의 입장에서는 늘 다른 동료와의 비교를 하게 되므로 양자 간의 오차가 발생할 수 있다. 이 점에 학교장은 유의해서 평가해야 하고, 객관성을 최대한 확보하기 위해 객관적인 지표를 투명하게 관리해야 한다. 또한, 일방적인 평가보다는 객관적인 평가위원회 설치, 특별히 고려할 사항 제시 등과 같이 교사들이 납득할 수 있는 조치를 미리 취하는 것이 필요하다. 비공정성 문제가 야기되면 학교장과 교사가 적대적인 관계, 비우호적인 관계가 형성된다는 점에 유의해야 한다.

교사가 학급경영에서 유의해야 할 부분 중의 하나가 학생을 공정하게 평가했느냐의 문제이다. 생활지도와 학습지도하는 과정에서 학생들이 가장 많은 불만이 공정했느냐의 문제이다. 평가 지표의 공정성 문제, 다른 학생과의 비교에 따른 평가의 문제 등이 학생들이 많이 제기하는 문제이다. 때로는 그것이 객관적이고 합리적인 문제이냐의 시비가 되는 경우가 있지만, 때로는 정서적이고 주관적인 관점에서 불만을 제기하는 경우가 발생하기 때문에 이 점에 유의해서 평가해야 한다. 미리 평가의 내용을 투명하게 제시하고, 특별한 사항들은 학생들에게 설득하고 이해를 구하는 노력이 요구된다. 가끔 일부 학생들은 주관적인 관점에서 평가하고, 그것이 교사와 다른 경우에 저항하거나 적대적으로 대하는 경우가 있으므로 이 점에도 유의해야 한다.

공평의 리더십 향상을 위한 점검 사항

1. 리더 자신은 인사에 대한 결정을 사적인 편견 없이 공정하게 수행하는가?

2. 조직을 관리함에 있어서 평가위원회와 같은 공평한 관리시스템을 구축하고 있는가?

3. 리더 자신은 추종자들로부터 공정한 의사결정을 하는 사람이라는 평을 받고 있는가?

4. 리더는 추종자들에게 객관적인 평가지표를 투명하게 제시하고, 객관적인 평가지표를 만드는데 추종자들의 대표를 참여시키는가?

제10절 책임완수의 리더십

14 또 어떤 사람이 타국에 갈 때 그 종들을 불러 자기 소유를
맡김과 같으니 15 각각 그 재능대로 하나에게는 금 다섯 달란트
를, 하나에게는 두 달란트를, 하나에게는 한 달란트를 주고 떠났
더니 16 다섯 달란트 받은 자는 바로 가서 그것을 장사하여 또
다섯 달란트를 남기고 17 두 달란트 받은 자도 그 같이 하여 또
두 달란트를 남겼으되 18 한 달란트 받은 자는 가서 땅을 파고
그 주인의 돈을 감추어 두었더니 19 오랜 후에 그 종들의 주인이
돌아와 저희와 회계할 새 20 다섯 달란트 받았던 자는 다섯 달란
트를 더 가지고 와서 가로되 주인이여 내게 다섯 달란트를 주셨는
데 보소서 내가 또 다섯 달란트를 남겼나이다 21 그 주인이 이르
되 잘 하였도다 착하고 충성된 종아 네가 작은 일에 충성하였으매
내가 많은 것으로 네게 맡기리니 네 주인의 즐거움에 참예 할지어
다 하고 22 두 달란트 받았던 자도 와서 가로되 주여 내가 또 두
달란트를 주셨는데 보소서 내가 또 두 달란트를 남겼나이다 23
그 주인이 이르되 잘 하였도다 착하고 충성된 종아 네가 작은 일
에 충성하였으매 내가 많은 것으로 네게 맡기리니 네 주인의 즐거
움에 참예 할지어다 하고 24 한 달란트 받았던 자도 와서 가로되
주여 당신은 굳은 사람이라 심지 않은 데서 거두고 해치지 않는
데서 모으는 줄을 내가 알았으므로 25 두려워하여 나가서 당신의
달란트를 땅에 감추어 두었나이다 보소서 당신의 것을 받으셨나
이다 26 그 주인이 대답하여 가로되 악하고 게으른 종아 나는 심
지 않은 데서 모으는 줄로 네가 알았느냐 27 그러면 네가 마땅히
내 돈을 취리(取利)하는 자들에게나 두었다가 나로 돌아와서 내

본전과 변리(邊利)를 받게 할 것이니라 하고 28 그에게서 그 한
달란트를 빼앗아 열 달란트 가진 자에게 주어라 29 무릇 있는 자
는 받아 풍족하게 되고 없는 자는 그 있는 것까지 빼앗기리라 30
이 무익한 종을 바깥 어두운 데로 내어 쫓으라 거기서 슬피 울며
이를 갊이 있으리라 하니라

마태복음 25장 14-30절

위의 예수 말씀의 기본 주제는 주인이 떠난 사이 종들의 책임완수이다. 주인이 자신의 돈을 종들에게 맡기기 위하여 그들을 부른다. 종들은 돈과 관련하여 책임이 주어진다. 문제는 돈이 아니라 각자에게 주어진 청지기적 자세다. 그래서 달란트는 개인의 은사와 능력을 상징한다. 주인은 여행을 떠나고, 그의 종들은 청지기적 자세가 시험받는다. 주인이 돌아온 후, 자신이 받은 것을 생산적으로 사용한 제자들은 "잘 하였도다 착하고 충성된 종아"라는 칭찬을 받고 축복과 기쁨도 누린다. 책임을 완수한 결과이다. 한 달란트를 비생산적으로 사용한 종(servant)은, 결국 모든 것을 잃어버리는 상황을 맞게 된다. 끝까지 자신의 책임을 완수하지 못한 이유이다.

주인은 책임을 다하는 종을 칭찬하고, 반면에 책임을 적극적으로 수행하지 못한 종을 멀리하고 있다. 주인은 종들에게 달란트를 준 것은 주인과 같은 주인의식을 가지고 자신의 능력을 활용하라는 것이다. 그것이 주인이 원하는 종의 역할이었다. 즉, 주인이 준 달란트를 가지고 생산적으로 활용한 종이 종으로서의 책임을 완수한 것이다(채천석 역, 2000: 1124-1127). 여기서 책임완수는 종의 관점에서가 아니라 주인의 관점에서 책임완수이다. 종은 주인의 명령에 의해 일의 역할이 주어진 사람이다. 관리자가 아니다. 종으로서 뭔가 일을 해야 하는 입

장이다. 종에게 맡겨진 임무를 해야 한다. 가만히 있는 것은 종으로서의 일을 하지 않은 것이다. 따라서 책임완수란 어떤 일에 대해 맡는 부분을 문제없이 완수하는 것이라고 정의할 수 있다.

위의 마태복음 25장 14절-30절의 가르침은 조직에서 리더는 추종자들에게 책임을 묻는 경우가 일반적이다. 그러나 선행되어야 할 일은 리더가 리더로서의 책임을 완수했는가의 물음에 답할 수 있어야 한다. 리더가 자신의 책임은 완수하지 못한 채 추종자들의 책임을 묻는 것은 리더의 권위를 잃게 하는 원인이 된다. 리더의 존재 가치는 리더의 역할을 잘 수행했느냐가 중요하다. 그럴 때 리더가 추종자들로부터 리더의 권위와 존경을 받게 된다. 능력 있고 권위 있는 리더는 자신의 책임 완수를 먼저 살피고, 무능한 리더는 추종자들의 책임완수를 먼저 살핀다. 리더는 조직에 대해 책임을 지는 사람이다. 리더가 자신이 해야 할 일이 무엇인지 끝까지 알아서 수행하는 태도가 책임 있는 리더이다. 과업에 대해 책임지는 모범을 보여야 추종자들이 진정한 책임감이 무엇인지 알게 되고, 자신의 업무에 대해 책임을 진다. 책임을 지지 않는 리더는 리더가 아니다.

책임완수와 관련된 연구로 Tichy와 Urlich(1984)는 추종자들의 책임감을 높이는 지도자로 변혁적 리더를 제시하였다. Stogdill(1948: 64)은 리더의 자질들 중에 책임감을 중요 요소로 보았으며, 정진환과 박병진(2001: 372)도 책임감을 교원이 준수해야 할 공식적인 법규로 제시하였다.

또한, 명제창(1998: 95)은 도덕적 리더의 품성변인으로 책임감을 제시하면서, "책임감은 교장이 자신에게 부과된 직무상의 역할과 직원과 학생들에 대한 약속을 충실하게 이해하는 행동규범이며, 교장이 이 행동규범을 준수할 경우 그는 교사들이 직분을 성실히 수행할 수 있는 여건을 마련하고, 잘못된 관행을 변혁시키며, 학교가 본연의 업무를 다할 수 있도록 구성원들을 자극하게 될 것이다"라고 하였다. 이러한 점에서 조직의 리더는 추종자들에게 권한을 위임하여 스스로 리더(self-leader)가 되어 책임감과 주인의식을 가지고 조직에 충성할 수 있는 리더십을 발휘해야 한다. 따라서 책임완수의 리더십은 조직의 목표를 효과적으로 달성하기 위해, 먼저 리더 자신이 책임완수의 행동을 보임으로써 추종자들의 책임완수를 꾀하는 리더십이다.

고려투자자문의 이용수(직장인, 1990: 22) 전 사장도 "의지하는 마음과 책임을 전가하는 마음을 버리자. 노동자가 정신을 차려야 경제가 회복될 수 있지, 경제가 이 지경이 된 것은 경영자의 무능 때문이다, 기업경영이 어려워지면 정부가 알아서 방법을 강구하겠다, 주가가 떨어지면 정부가 특별한 조치를 취해 주겠지, 이와 같은 의타심과 책임을 전가하는 마음을 버리자. 건전한 경제란 국민 모두의 건전한 책임의식과 건전한 마음에 의해서 결정되는 것이다"라고 하였고, 공영토건의 윤덕영(직장인, 1990: 23) 전 사장은 "임직원 모두가 회사업무를 수행함에 각 단계에서 의사결정과정에 적극적으로 참여하여 창의성을 발휘해야 한다. 또한 결과에 대해 책임을 짐으로써 기업을 통해 자기실현이라는 고차원적 욕구를 충족시킬 수 있는 주인의식을 가져야 한다. 즉 '내가 회사의 미래를 결정하고 기획한다'는 주체적이고 창의적인 정신자세로 임직원 모두가 직무를 수행하는 참가형 경영시스템의 운영으로 진취적 사풍이 확립되도록 부단한 의식개혁 운동을 전개해야 한다"고 하였다.

금성통신의 김용선(직장인, 1990: 29) 전 사장도 "우리는 월급을 받아 가족을 부양할 뿐 아니라 이익을 냄으로써 사회전체를 유기적으로 지탱하는 책임이 있다. 이러한 책임을 다하기 위해서 서로 보완, 협동해서 1+1이 그보다 커지게 하자는 것이다. 이것이 안 되는 조직은 개인의 집합일 뿐이다. 조직의 목표와 그 조직 구성원의 목표가 일치된다면 그 조직은 활성화되고 효율이 극대화될 것이다"라고 하였다. 한국신용평가㈜의 사장이었던 이헌재(직장인, 1990: 146) 전 경제 부총리도 "노사문제가 갑자기 닥치고 욕구가 터져 나옴으로써 노조에게 단체교섭, 행동의 노하우가 부족했지만 차차 기술이 축적되어 가리라 본다. 사용주들이 장기적이고 근본적인 인식을 하지 못하고 구사대를 조직하거나 공권력을 편향되게 개입한 흔적이 문제이다. 한 단계 높은 수준으로 올라가려면 가진 자로부터 없는 자가 수혜를 받는 것이 아닌 상호책임을 가진 단계로 가야 하며 기업도 사회적 책임을 갖고 자유시장의 체제유지비를 내야 한다"고 강조하였다.

이와 같이 많은 경영자들이 책임을 조직의 경영철학으로 제시하였다. 즉 기업은 단순이 이윤을 추구하는 곳이 아니라, 사회에 대한 책임의식을 가져야 한다. 뿐만 아니라 과업을 수행함에 있어서도 주인의식을 가지고 책임을 져야 한다.

책임의 리더십을 발휘하기 위해서는 다음과 같은 점에 유의해야 한다. 첫째, 함께 정한 사항은 책임감을 가지고 수행하도록 해야 한다. 나약한 조직은 리더나 추종자들이 서로 정한 사항을 책임 있게 실천하지 않는 경향이 있다. 특히 리더가 정해진 사항이나 규칙을 따르지 않으면 추종자 역시 그러한 규칙이나 사항에 대해 책임을 지지 않으려는 경향이 있다.

둘째, 조직의 의사결정시에 조직원 모두가 참여하도록 노력해야 한다. 즉 민주적인 의사결정이 되도록 하여야 한다. 리더의 독단적인 힘에 의해 결정된 사항은 추종자들이 잘 따르지 않으려 한다. 그런 리더의 의사결정과정은 추종자들의 의견이 무시되는 독재적 의사결정일 수밖에 없기 때문에 추종자들은 책임을 회피한다. 그래서 독선적인 리더는 솔직한 대화, 토론, 비판 등을 회피하고 대신에 공작을 꾸미고 야합하고 음모를 획책한다.

특히, 책임 회피형 리더는 추종자들 중에서 자신에게 오직 충성하고, 아무 비판 없이 자신을 따라와 주는 바보의 다수가 자신을 지지해 주기를 바란다. 이런 조직은 겉보기에는 규칙이 유지되고 통일성이 있는 듯이 보이지만 사실은 속이 빈 강정과도 같다. 결국 조직은 활기와 책임의식은 사라지고, 리더의 명령에 의해서 엄격하게 통제된다.

책임문제에 대한 해결은 어떻게 하는 것이 조직의 발전에 도움이 되느냐 하는 것이다. 이에 대한 여러 가지 방법이 있을 수 있겠지만, 우선, 조직의 리더들의 팀을 중심으로 하여 조직을 다시 정비하고, 유능한 리더를 선발하여 조직의 중심에 서게 하여야 한다. 다만, 주의해야 할 것은 정말 능력 있는 리더가 실수로 인하여 책임지는 일이 생긴 경우에 잘못한 리더보다 더 뛰어난 리더가 있으면 교체하여 조직을 다시 정비해야겠지만, 잘못에 대한 책임을 묻는다고 하면서 무능한 새 리더로 교체하는 것은 경계해야 한다. 따라서 책임을 묻는 문제에 대해서는 어떤 방법이 조직을 위해 현명한 것인지를 심사숙고해야 한다.

주인적 책임의식이 조직에 어떠한 결과를 가져오는지에 대한 좋은 한 사례의 기사를 살펴보자. 신진우 인터컴 SW 팀장은 2001년 연봉이 1천 3백 만 원, 2002년 2천 만 원, 2003년 1억 2천 만원… 직장생활 2년 만에 첫 연봉의 약 10배를 번 20대 고졸 영업사원이 탄생하였다. 주인공은 중소 정보 기술업체인 인터컴 소프트웨어 신진우 특수

영업팀장이다.

2월 10일 인터컴 소프트웨어에 따르면 2002년 11월 본격적으로 영업전선에 나선 신 팀장은 지난해 뛰어난 영업실적을 올린 대가로 연봉과 인센티브를 합쳐 1억 2천 만 원을 받았다. 이는 사장의 한해 보수보다 많은 금액이다. 그는 “학벌 대신 능력으로 인정받겠다는 생각으로 궂은일을 마다하지 않은 것이 ‘영업신화’를 이룬 비결 중 하나”라고 설명하였다.

그는 1998년 이 회사에서 인터넷 자료를 PC통신에 올리는 아르바이트를 했다. 당시의 월급은 15만원. 군복무를 마치고 2001년 사원으로 입사한 그는 한때 사장의 운전사 역할도 했다. 억대를 버는 지금도 단순 서류작업을 도맡아 하고 있다.

영업사원으로서 겪은 가장 큰 어려움은 역시 학벌과 나이. “고객과 계약을 마친 뒤 학력을 밝혔다가 계약을 파기당한 적도 있어요. 믿을 만한 사람이 아니라는 설명이었죠”라고 말하였다.

20대라는 나이 또한 불리하게 작용했지만 고객의 이삿짐도 날라주고 부부 동반 야유회에 가서 어린아이를 돌봐주는 방법 등으로 약점을 장점으로 승화시켰다. 그는 직장이 없거나 전직을 고려하는 친구들에게 “초봉만 보고 직장을 고르지 말고 적성에 맞는 일이 있으면 일단 뛰어들면 좋겠다”고 조언한다. “종종 사장님께 ‘돌아가실 때까지 함께 하겠다’고 말해요. 주인의식이 없으면 일의 재미를 못 느끼죠. 영업의 힘도 주인의식에 있는 것 같아요”라고 말했다.

출처: http://www.google.co.kr

위의 사례에서 보듯이 신진우 팀장의 주인의식이 오늘에 그를 가능하게 하였다. 일에 대한 주인의식이 있으니까 책임감이 저절로 생겨 성실한 자세로 자신의 일에 최선을 다하는 것이다. 그는 일하는 과정에서도 주인처럼 즐거운 마음으로 일하는 행복한 사람이다. 일의 결과에 대한 큰 수입보다, 그의 주인의식이 자신의 책임 그 이상을 훌륭하게 만든 것이다. 살아있는 조직의 리더와 추종자들은 주인적 책임의식을 가지고 있다. 따라서 책임완수의 리더십은 자신에게 부과된 직무상의 역할과 추종자들에 대한 약속을 충실하게 이행하는 행동이며, 나아가서 추종자들이 자신의 과업에 책임을 완수할 수 있도록 분위기를 마련하여 조직의 목표를 효과적으로 달성되도록 하는 리더십이다.

학교조직의 책임완수의 리더십을 위하여

능력 있고 책임감이 높은 교장은 매일 자신의 역할에 대해 책임을 다했는지를 점검한다. 그러나 리더로서의 능력이 부족한 교장은 자신의 역할보다는 교사의 역할을 먼저 확인하고, 그것에 대한 책임을 물으려고 한다. 학교장은 학교를 책임지는 사람이다. 그것이 리더의 역할이다. 교사의 책임을 묻기 전에 교장으로서의 도의적·과업적 책임을 지려고 하는 태도를 보이는 것이 리더이다. "우리 학교 교장은 책임을 회피하고, 모든 책임을 교사에게 돌리려고 한다"는 말이 도는 학교는 학교 리더의 존재감이 없다는 말과 같다. 학교의 과업은 과업의 담당을 떠나서 학교장에게 도의적인 책임이 있다. 교사는 교장을 대신하여 학생의 교육을 담당하는 사람이다. 교사와 교장이 함께 책임의식을 갖고 학교문제를 해결하려고 할 때, 학교 조직은 활기차고 능동적이어서 교육력이 향상된다.

훌륭한 교사는 책임감이 충만하다. 책임감 있는 교사는 생활지도나 학습지도에 최선을 다하고, 성찰하는 태도를 가진다. 학생의 잘못은 교사도 일정 부분 책임이 있다는 생각을 가져야 한다. 학생지도에 책임감이 있다는 것은 교사 자신이 교육적 사명감이나 교육적 신념을 가지고 있다는 의미이다. 사회에서 자녀들이 잘못하면 가정에 부모교육을 탓하는 것이 우리의 문화이다. 학교교육도 그러한 책임의식을 가지고 학생을 지도할 때, 학생은 올바른 성숙한 시민으로 성장하게 된다. 그런 점에서 교사는 자신이 지도하는 학생에 대해 책임을 진다는 책임의식이 있어야 한다. 그런 교사를 학생들이 존경하며 따르게 된다. 그래서 교사는 선생님이 되고 스승이 되는 것이다.

책임완수의 리더십 향상을 위한 점검 사항

1. 리더 자신의 과업 수행에 대한 책임완수 점검표를 확인하고 있는가?

2. 리더 자신은 조직의 규칙을 잘 지키고 있는가?

3. 리더 자신은 추종자들과 한 약속을 충실히 수행했는가?

4. 리더 자신은 추종자들이 책임완수를 잘 수행할 수 있도록 적극적으로 지원하고 있는가?

제11절 관용의 리더십

너희 스스로 조심하라 만일 네 형제가 죄를 범하거든 경고하고 회개하거든 용서하라.

누가복음 17장 3절

1 비판받지 아니하려거든 비판하지 말라 2 너희의 비판하는 그 비판으로 너희가 비판을 받을 것이요 너희의 헤아리는 그 헤아림으로 너희가 헤아림을 받을 것이니라 어찌하여 형제의 눈 속에 있는 티는 보고 네 눈 속에 있는 들보는 깨닫지 못하느냐

마태복음 7장 1-3절

위의 예수의 말씀에서 "비판하지 말라"는 옳고 그름을 판단하거나 분별하는 일을 전면적으로 금지하라는 말씀이 아니고, 판단에 있어서 정당함과 너그러움을 가지라는 것이다. 즉, 일체의 판단을 금하기보다는 부당하거나 잔혹한 비판을 해서는 안 되고 관용의 마음을 가지라는 것이다(채천석 역, 2000: 320－321).

비판을 하는 자는 자신이 비판을 받을 요소가 없는 사람이 해야 정당하다. 예수는 누구나 잘못이 있으므로 잘못한 사람에 대한 비판을 삼가라는 것이다. 사실, 비판받을 요소가 없는 사람은 없다. 그러기 때문에 비판을 삼가하고, 그 대신 용서하라는 것이다. 그래야 언젠가는 자신이 잘못을 할 때 용서를 받을 수 있다는 것이다. 잘못을 없는 것으로 하라는 것이 아니고, 너그럽게 이해하라는 것이다. 따라서 관용이란 상대의 잘못을 너그럽게 받아들이거나 용서하는 것이라고 정의

할 수 있다.

신약성서에서는 관용을 강조하는 예수의 가르침이 여러 곳에 나타나 있다. 예를 들면, <딤전 3:3>에서도 "술을 즐기지 아니하며 구타하지 아니하며 오직 관용하며 다투지 아니하며 돈을 사랑하지 아니하며", <딛 3:2>도 "아무도 비방하지 말며 다투지 말며 관용하며 범사에 온유함을 모든 사람에게 나타낼 것을 기억하라." <약 3:17>도 "오직 위로부터 난 지혜는 첫째 성결하고 다음에 화평하고 관용하고 양순하며 긍휼과 선한 열매가 가득하고 편견과 거짓이 없나니"라고 하면서, 서로 비방하지 말고 관용을 베풀어 화평하게 지낼 것을 강조하고 있다.

위의 예수의 가르침은 비판에 유의하라는 것이다. 정당한 비판까지 하지 말라는 것으로 해석하는 것은 아니다. 그러나 비판은 비판을 초래한다. 비판보다 추종자들을 헤아려서 관용, 즉 용서하라는 것이다. 조직의 리더가 조직의 목적 달성하는 과정에서 실수하거나 해이해져서 어려움을 겪게 되는 경우가 발생할 수 있다. 추종자들의 잘못 정도나 과정, 상황 등을 고려하여 비판보다는 관용을 하는 것이 조직의 미래를 위해서 바람직하다.

사실, 조직에서 누군가 잘못으로 부정적인 결과를 초래하여 조직 구성원 모두가 그것을 책임져야 한다면, 잘못한 사람은 비판받고 단죄받기가 쉽다. 사람의 잘못은 판단의 오류, 나쁜 동기, 기타의 이유 등으로 인하여 일이 잘못된 것이므로 자꾸 잘못한 사람을 비판하고 싶은 것이다. 그러나 예수의 가르침은 잘못한 사람에 대해 지나친 비판을 하기보다는 그를 용서하고 너그럽게 포용하는 것이 조직 발전에 이롭다고 한다. 잘못의 정도나 양상에 따라 다르기는 하지만 대부분의 일반적인 잘못들은 단기적으로 보면 처벌하는 것이 앞으로 조직 발전에 도움이 될 수 있는 부분이 많지 않다. 잘못으로 처벌을 받은 추종자는 더 위축되고 경직되어 업무처리에 유연성과 창의성을 발휘하기 어렵다. 매사에 늘 조심하게 되고, 잘못하면 자신의 지위가 보장받지 못할 수 있다는 불안감에 휩싸이게 된다. 이럴 때 리더가 나서서 위로하고 사기를 북돋아 준다면 그 추종자는 자신감을 가지고 자신의 업무에 집중할 것이다. 나아가서 자신의 조직에 헌신하고 충성할 수 있는 마음을 갖게 된다. 자신의 리더를 든든한 후원자로 믿고, 리더의 일에 우호적인 협조자가 될 수 있다. 리더가 추종자의 잘못에 대해 이해해주고 위로해주면서 관용을 베푼다면 리더로서는 또 다른 동행자를 확보하는 셈이다. 악을 악으로 대하면 악으로 돌아오나, 악을 선으로 대하면 선으로 돌아올 가능성이 크다. 악을 선을 대할 수 있는 사람은 추종자가 아니라, 리더만이 할 수 있는 능력이고 선물이다. 조직의 평화는 처벌에 있지 않고 용서에 있다.

이러한 관점에서 조직의 리더는 실수한 추종자에 대해 비판이나 처벌, 책임추궁에 너무 집착하기보다는 스스로 실수를 인정하고, 다시 자신의 과업을 잘 수행할 수 있도록 격려해주고, 성원해주는 관용이 필요하다. 리더의 이러한 태도는 조직의 원활한 유기적 관계, 리더와 추종자 간의 서로를 이해하고, 화목한 인간관계를 조성하는 데 필요한 덕목이다. 추종자에 대한 리더의 한 번의 관용이 열 번의 칭찬이나 보상보다 훨씬 더 나을 수 있다.

조직의 관용적 분위기는 항상 명랑하다. 그렇지 않고 적대감이 흐르는 비인간적인 분위기가 유지되면 협동보다는 분열을 조장하여, 결국 서로를 반목하게 될 것이다. 이러한 점에서 조직에 비판의 상황이 전개되었을 때, 리더가 어떤 반응을 보이느냐에 따라 그 결과는 많이 달라질 수 있으므로 리더의 태도는 매우 중요한 역할을 한다. 리더는 비판적 분위기가 더 이상 확산되지 않도록 속히 차단하여 서로 이해하는 분위기를 조성해야 한다. 따라서 관용의 리더십은 조직의 목표를 효과적으로 달성하기 위해서 리더가 추종자의 실수를 너그럽게 대하는 리더십이다.

동양나일론의 송인상(직장인, 1990: 64) 전 회장은 "어진 사람에게는 절대로 적이 없습니다. 상대방을 관대하게 대해 주고 이해해주고 상대방 입장에서 얘기를 들어주면 얼마든지 화합할 수 있다고 믿습니다"라고 하였고, ㈜ 아남산업의 이남섭(직장인, 1990: 111) 전 사장도 "어려서부터 불교신자이기 때문에 이웃을 사랑하고 아끼려고 노력합니다"라고 하면서, 남을 먼저 소중히 하는 사랑의 관용을 경영철학으로 제시하였다.

세계적인 과학자, 훌륭한 정치인, 종교지도자 등 많은 지도자들도 과거에 많은 실수를 하였을 것이다. 그러나 실수를 할 때마다 그들이 비판을 받았다면 그들의 자신감은 상처를 받게 되었을 것이고, 재기의 의욕은 많이 상실되어 훌륭한 사람이 될 수 없었을 것이다.

비판은 파괴를 낳고, 관용은 협동과 사랑을 낳는 법이다. 조직을 죽이는 가장 좋은 방법은 리더가 추종자들을 부정적인 시각을 가지고 자주 비판하는 일이다. 특히, 비판이 주는 해악은 비판을 하는 사람과 받는 사람이 서로 적개심을 갖게 되어 다른 사람에게 부정적인 마음을 갖는 것이다. 지나친 비판은 결국 부메랑처럼 자신에게 돌아와 자신을 공격하고 남에게 상처를 줄 수 있다. 그래서 결국 자기 파멸의 과정을 걷게 된다.

추종자를 비판하고 단죄하는 행동이 습관이 되면 리더는 위험한 자기 파멸의 정신세계로 갈 수 있다. 비판이 습관이 되면, 추종자들에게 크나큰 피해를 주고 리더 자신도 마음에 큰 상처를 받게 되어, 부정적인 인생관을 가질 수 있다. 잘못한 사람을 용서해주면 그 사람은 성의를 다하여 용서해준 사람을 적극 지원해주는 충실한 아군이 된다. 리더는 이러한 지혜를 적극 활용해야 한다. 리더는 추종자의 비판을 통해 증오와 분노를 부르기보다는 용서와 사랑으로 충성과 지원을 얻어내는 것이 조직 관리에 효과적이다. 용서와 관용은 리더가 추종자들에게 베풀 수 있는 최고의 선물이라는 것을 잊지 말아야 한다. 사실, 비판보다 관대함이 추종자들에게 더 큰 긍정적인 영향력을 준다.

관용의 리더십을 발휘하기 위해서 리더는 다음과 같은 태도를 고양하도록 노력하고 실천해야 한다. 첫째, 자신이 가진 것에 대해 감사함을 가져야 한다. 매사에 감사한 마음을 가진 리더는 자신의 일도 감사히 여겨 책임을 다한다. 그리고 자신의 추종자들의 과업수행에 대해 감사히 여기므로 소중히 대한다. 그러나 감사한 마음이 없는 리더는 긍정적인 면보다 부정적인 면을 보게 되어 추종자들의 부족한 부분과 잘못된 부분만을 보게 되어, 마침내 비판과 비방을 하기 쉽다. 따라서 감사하지 않은 사람은 관대할 수 없다. 리더의 감사한 마음의 태도는 추종자들에게 봉사하게 하여 그들로부터 존경과 신뢰를 받는다.

둘째, 너그러운 마음을 가져야 한다. 너그러운 리더는 추종자의 과업을 지나치게 종용하거나 다그치지 않는다. 추종자로 하여금 여유와 편안한 안정감을 가지게 하여 자신의 과업을 원만하게 수행할 수 있도록 지원해준다. 추종자들은 자신을 지지해주고 배려해주는 리더를 신뢰하기 마련이다.

셋째, 리더는 추종자들에게 무엇이든 좋은 것을 주는 사람이다. 리더 자신이 많은 것들을 소유하고 있어서가 아니라, 물질도 주고, 좋은 정보도 주고, 자신의 능력도 나누어 주려는 훌륭한 습관을 가지고 있다. 리더의 이러한 태도는 조직을 협동과 사랑의 분위기로 만들기 때문에 조직에 위기가 발생할 때 큰 힘을 발휘하여 슬기롭게 극복할 수 있다.

다음의 한 기사 내용을 통하여 관용에 대한 중요성을 살펴보자. 종교 간 갈등하면 주로 이슬람과 기독교를 떠올린다. 두 종교가 왜 이렇게 각인된 것일까 하는 점이 자못 궁금한데, 서울 이태원에 있는 이슬람 중앙 성원에서 이슬람 선교사와 개신교 목사가 만난 자리에서 두 종교가 서로를 끌어안고 있어 흐뭇하다. 이슬람의 '이맘'이란 선교사격으로 금요일 예배를 인도한다. 이맘 파룩 준불의 경우 서울 한국이슬람협회의 초청으로 1997년 한국에 온 뒤 무슬림 형제들을 돌보고 있다.

그런 파룩에게는 한국인 목사 친구가 있다. 기독교의 영성수도회 '씨알수도회'에 참여하고 있는 김진 목사이다. 두 사람이 처음 만나게 된 것은 서울이 아니다. 이맘의 고향인 터키에서 우정이 맺어졌다. 김 목사가 몇 년 전 유대교, 기독교, 이슬람교 등 세 종교의 종교지도자 회의에 참석하기 위해 터키에 간 것이 계기가 됐다. 종교가 다른 두 종교 지도자가 어떻게 우정을 쌓을 수 있었을까.

"우리 무슬림에게 가장 가까운 사람들이 실은 기독교인입니다. 같은 조상이거든요. 코란에선 예수의 어머니 마리아에 관한 이야기를 19장 전체에서 전하듯 마리아는 무슬림 여성들의 모범적인 어머니이기도 합니다. 이슬람의 중요한 선지자가 다섯 분인데 노아, 아브라함, 모세, 예수, 무함마드입니다. 예수님은 이슬람에서 없어선 안 되는 분이세요."

"무함마드 생전에 다른 종교 지도자들이 성지에 와 자신들만의 종교의식을 거행하겠다고 했을 때 허락한 것이 바로 관용의 사례이지요. 관용에는 평화가 있어요. 종교인들이 자신의 종교가 훌륭하다고 하는 것까지는 좋지만 내 종교만이 옳다, 또는 내가 믿는 신이 최고이다라고 하면 그 때 평화가 깨집니다."

김 목사는 개신교 집안에서 자라 총신대와 한신대를 나왔다. 그 후 독일 프랑크푸르트 대학에서 신학박사를 받은 후 귀국 2000년 기독교장로회 목사 안수를 받았다. 다양한 종교 간 대화운동에 참여하며 영성을 중심으로 하는 개신교수도회 모임인 '씨알수도회'를 이끌며 지난 해 '예수도원'이라는 이름의 명상원을 열었다. 매주 월요일 명상기도와 피정으로 영성운동을 이끌고 있다. 이맘도 개원 시절부터 함께해 온 후원자의 한 명이다.

"개신교에 예수를 깊이 체험하자는 영성의 물결을 새롭게 일으킬 때가 왔습니다. 지금 여기서 하나님 나라를 체험하고 예수의 사랑과 평화의 영성을 발견해야 합니다."

그렇게 말하는 김 목사에 따르면 이맘 파룩과의 우정은 영성의 공통분모 때문이다. 그렇다면 종교 간의 대화란 이제 단순한 갈등 무마의 차원을 떠나 제3의 열매를 맺을 수 있음을 보여주는 것일까? 실제로 김 목사는 바로 그 점 때문에 이웃 종교에서도 살아 있는 하나님을 체험할 수 있다고 말한다.

"다원화된 세계에서는 내 것만으론 내 것조차 잘 모르게 되지요. 나의 진리는 이웃 종교와의 만남에서 외려 더 이해가 깊어집니다. 이맘은 내가 처음 만난 무슬림이고 나에게 이슬람을 보게 해 주었지요."

출처: http://www.google.co.kr

사람은 누구나 완전한 존재가 못되기 때문에 비판하는 사람도 언젠가는 자신도 비판을 받는 때가 있을 것이다. 그러면 예전에 비판을 받았던 사람은 다시 비판을 하게 될 것이다. 결국 비판은 비판을 낳게 되어 사람 사이에 부정적인 요소를 발생한다. 그렇기 때문에 리더는 조직의 추종자의 잘못에 대한 비판의 분위기가 아닌 서로 이해와 사랑으로 감싸주는 분위기가 조성되도록 적극적으로 개입하여야 한다.

서로의 잘못을 용서하고 관용하는 조직의 분위기는 조직을 성숙하게 만들어, 추종자들이 훨씬 효율적이고 활기찬 행동을 하도록 유발한다. 물론 발전을 위한 적절한 비판이 나쁜 것으로 매도되어서는 안 될 것이다. 관용은 나만의 시각, 나만의 세계를 주장하지 않는다. 관용은 평화이며 에너지 그 자체이다. 조직의 평화, 화목, 협동은 관용을 통하여 조성될 수 있다. 관용은 남을 너그럽게 보아주는 사랑의 마음에서 비롯된다. 따라서 리더가 관용의 분위기를 조성하고, 서로를 이해하고 포옹하여 함께 조직 발전을 위해 협동할 수 있도록 관용의 리더십을 발휘해야 한다.

학교조직의 관용의 리더십을 위하여

학교조직에서 교장이나 교사도 인간이고 부족한 부분이 있기 때문에 잘못을 하는 경우가 발생한다. 교육적 경험이 많은 교사이든 적은 교사이든 예상치 못한 실수를 하기 마련이다. 이 때 학교의 리더인 교장의 태도가 중요하다. 교사의 잘못을 따져 철저히 그 책임을 물으려는 교장이 있는가 하면, 그 잘못의 경중, 과정, 동기, 교사의 노력 등을 고려하여 큰 문제가 아니면, 용서하고 함께 문제를 해결하고 책임을 지려는 교장이 있다. 전자의 교장은 교장과 교사의 관계가 철저한 업무중심의 관계이다. 인간적인 관계가 아닌 과업중심이다. 과업중심도 중요하고 인간관계도 중요하다. 그러나 학교의 일은 대부분이 교사(교장 포함)라는 사람이 하는 일이기 때문에 너무 과업중심으로 일을 해결하면 비인간적 냉정한 분위기가 조성되어, 학교풍토가 경직되어서 조직의 효과성을 약화시킨다. 그리고 교장과 교사 사이에 냉기류가 흐르게 되어 교사는 교장에게 비협조적인 태도를 취하게 된다는 점을 유의해야 한다. 교사의 잘못을 나의 잘못으로 생각하고 용서하는 교장은 교사로부터 지지와 협력을 이끌어내어 조직의 효과성을 증대시킨다.

교사의 경우에도 학생의 잘못을 일일이 지적하여 처벌하는 학급경영방식은 바람직하지 않다. 자애롭고 친절하며 너그러운 교사들을 학생들이 존경하고 신뢰한다. 아직 미성숙한 학생들을 너그럽게 용서하고 더 좋은 방향으로 지도하는 것이, 교사의 임무이고 사명이다. 학생과 친밀한 관계가 유지되어야 학생지도가 효율적으로 일어난다. 학생의 잘못에 대한 용서와 반성의 기회를 제공하는 것은 교사가 할 수 있는 최고의 선물이다. 교육은 용서를 통하여 반성하고 발전할 수 있도록 기회를 제공하는 것이다. 교사가 학생의 잘못을 자주 지적하면 학생도 교사의 부족한 부분을 기억하고 있다가 반드시 비판을 한다. 용서는 용서를 잉태하여 성숙을 가져오지만, 비판은 비판을 잉태하여 저항과 분노를 생산한다.

관용의 리더십 향상을 위한 점검 사항

1. 리더 자신은 추종자들의 잘못에 대해 너그러운가, 아니면 비판하며 대가를 치르게 하는가?

2. 리더 자신은 추종자들의 실수를 자신의 입장에서 생각해본 경험이 있는가?

3. 리더 자신은 추종자들의 과업수행을 당연한 것으로 생각하는가, 아니면 감사한 일이라 생각하는가?

4. 리더는 추종자의 실수에 대한 관용의 효과를 경험한 적이 있는가, 있다면 어떤 효과를 경험하였는가?

제12절 권한위임의 리더십

예수께서 그 열두 제자를 부르사 더러운 귀신을 쫓아내며 모든 병과 모든 약한 것을 고치는 권능을 주시니라

마태복음 10장 1절

이 가르침은 예수께서 열 두 제자에게 권능을 부여하셨는데, 이는 자신의 역사를 계속하기 위해 자신의 권능을 혼자서 사용하지 않고, 제자들에게 모든 권세를 주셨다는 것이다(채천석 역, 2000: 460-463). 즉 예수는 자신의 권능을 제자들에게 위임했다는 것이다.

제자들은 하나님의 나라가 무엇인지를 설파할 수 있고, 많은 병든 자들을 고치는 능력을 예수로부터 부여받았다. 따라서 권한위임이란 리더가 중요한 업무를 추종자들에게 할당하고, 결정에 대한 책임을 위임하고, 업무에 대한 자율권을 부여하는 것이라고 정의할 수 있다.

위의 같은 맥락에서, <약 13:34>에서도 “가령 사람이 집을 떠나 타국으로 갈 때에 그 종들에게 권한 주어 각각 사무를 맡기며 문지기에게 깨어 있으라 명함과 같으니”, <행 26:12>도 “그 일로 대제사장들의 권한과 위임을 받고 다마섹으로 갔나이다”와 같이 권한위임에 대한 가르침이 있다.

마태복음 10장 1절의 가르침은 리더는 아무리 자신이 능력이 있어도 조직의 목표를 효율적으로 달성하기 위해서는 추종자들에게 권한 위임을 행해야 한다는 것이다. 조직의 목표 달성은 리더의 능력으

로만 이루어지기 어렵다. 조직 구성원 모두가 힘을 합해야 목표 달성이 가능하다. 조직 구성원 모두 협력하는 과정을 통하여 구성원들이 서로를 이해하고, 조직을 이해하고, 조직에 충성·헌신하고, 조직에 대한 주인의식도 생기는 법이다. 이러한 것들은 리더가 자신의 권한을 혼자서 발휘하려고 하면 일어날 수 없다. 리더의 권한위임을 통해서 추종자들은 리더로 성장·발전하게 되어 새로운 리더가 된다. 권한위임은 단순히 권한을 넘기는 것이 아니라, 다른 측면에서 보면 리더가 한 조직에서 여러 명이 존재하여 조직의 과업을 효과적으로 달성하도록 하는 경영 전략이다. 즉, 조직의 과업이나 상황에 따라 리더를 세우고, 그에게 권한 위임하는 것이다. 조직의 과업에 따라 능력 있고 추진력이 있는 추종자에게 전격적으로 권한을 위임하여 조직의 효과성을 높이는 것이다. 리더의 권한위임은 조직의 발전과 효과성 증대를 위한 필수적인 요소이다.

이와 관련된 연구로 명제창(1998: 95−96)은 도덕적 리더의 능력 변인으로 권한 부여를 제시하면서 "권한부여는 교장이 교사들의 능력을 계발하고 신장시켜 그들의 직무능력을 개선시켜야 하는 행동규범이다. 교장이 이 행동규범을 준수하는 경우 그는 교사들을 신뢰하고, 그들의 능력을 존중하며, 능력 발휘의 기회를 제공하고, 교사들의 능력을 이끌어내는 기법을 구사하게 될 것이다"라고 하였다.

Tichy와 Urlich(1984: 59−68)도 변혁적 리더는 구성원의 잠재력을 향상시키고, 모범을 보이며 도전적인 일을 위임하고, 보다 긍정적으로 사고하고 행동함으로써 발전 지향적인 태도를 갖는다고 하였다. 또한, Boatman과 Adams(1992)는 "리더십은 공동의 이익을 증진시키는 공유된 비전을 이루기 위해 다른 사람에게 권한을 부여하는 과정"이라고 하였고, Foster(1986)도 결국 리더십은 변혁과 권한부여의 과정이라 하였다. 따라서 권한위임의 리더십은 조직의 목표를 효과적으로 달성하기 위해 리더가 추종자들에게 결정의 책임을 위임하고, 업무에 대한 자율권을 부여하는 리더십이다.

신영통상의 신기영(직장인, 1990: 106) 전 사장은 "우리 회사는 목표관리를 도입하고 있다. 각자 1일 생산목표를 정해주고 목표를 달성하면 퇴근시간에 관계없이 퇴근하도록 자율관리를 하는 것이다. 그러다 보니 종업원 스스로 마음에 우러나오는 성의 있는 적업이 되었다. 그때부터 노사화합의 터전이 만들어진 셈이다"라고 하면서, 추종자에게 적극적으로 권한을 부여하여 회사의 화합과 생산성을 증대시키는 경영철학을 강조하였다.

권한위임의 리더십을 발휘하기 위해서는 다음과 같은 점을 유의해야 한다. 첫째, 리더는 필요한 것을 추종자에게 제공하고, 조직의 전개 방향을 제시함으로써 추종자들이 최선의 결과를 낳도록 도와주어야 한다. 훌륭한 리더는 자신의 권한을 군림하는 것이 아니라 추종자들에게 권한을 위임하는 동시에 추종자들이 리더에게 지나치게 의존하지 않도록 객관적인 거리를 유지하면서 도와주는 사람이다.

둘째, 리더는 권위주의적 태도를 버려야 한다. 권위주의적 리더에게 조정되었던 추종자들은 권한위임의 경영방식에 혼란스럽거나 잘 적응하지 못하여 어려움을 겪는 경우가 있다. 리더가 조직을 성공적으로 이끌려면 추종자 스스로가 문제를 해결하는 방식이 되도록 해야 한다. 즉 리더는 멘토(mentor)와 같은 역할을 해야지 자신이 배우처럼 스타의 역할을 하면 조직이 발전할 수 없다.

셋째, 권한위임의 관리자가 되어야 한다. 리더가 추종자에게 권한을 위임한다는 것은 구성원들에게 영향을 주고 있는지를 관리해야 한다. 또한 권한위임은 추종자의 창의적인 권한의 분배이므로 추종자의 권한에 간섭해서는 안 되고, 그 권한이 유지되도록 관리해야 한다. 또 다른 관리는 권한위임이 조직 전체에 포괄적이고 민주적으로 유지되도록 관리해야 한다. 권한위임은 단순히 몇몇 추종자들에게 권한을 넘기는 것이 아니라, 조직 구성원 전체가 민주적으로 수용하는 것이어야 한다.

권한위임에 대한 한 성공 사례 기사를 살펴보자. 호텔에는 없는 것이 또 있다. 그 가운데 대표적인 것이 "안 됩니다"라는 말이다. 손님이 다소 무리한 서비스를 원하더라도 그 자리에서 바로 "노"라고 말하는 것은 금기다. 또 직원 스스로 해결하기 곤란한 요구라고 해서 높은 사람에게 물어보고 가부를 알려주겠다고 대답하는 것도 금물이다.

"자신의 상사가 고객보다 높다는 느낌을 주는 것은 서비스정신에 위배다"라는 것이 일류호텔들의 혁신적 사고이다.

리츠칼튼 호텔은 말단직원도 스스로 판단해서 고객을 위한 서비스를 제공할 수 있도록 특별한 권한을 부여한다. 이른바 '권한위임' 원칙은 '최고의 서비스는 적재적소에서 제공돼야 한다'는 특유의 서비스 정신을 잘 보여준다.

리츠칼튼에 머물렀던 한 미국인 고객은 호텔 콘시어지 직원으로부터 비행기 출발 3시간 전에 공항으로 출발하라는 안내를 받았다. 그가 막 떠나려는데 갑자기 비가 내리기 시작했다. 담당직원은 잠깐 고민하다 빗길 정체로 고객이 비행기를 놓칠 것 같아 곧바로 벤츠서비스를 제공했다.

그러나 공항에 반도 못 미쳐서 두 시간이 경과되자 직원은 급히 캐세이 퍼시픽 항공사에 연락해 비행기를 공항에 30분 동안 묶어 두었다. 호텔측은 자신의 판단에 따라 대담한 결정을 내린 직원을 크게 칭찬했다고 한다.

출처: http://www.google.co.kr

위의 사례에서 나타난 바와 같이 권한위임을 부여받은 추종자는 자신의 과업을 충실히 수행하기 위해서 좋은 아이디어를 계획하여 조직에 충성한다. 그러므로 리더는 추종자의 능력과 성실성 등을 어느 정도 고려하여 권한위임의 정도를 가늠하면 효과적으로 리더십을 발휘할 수 있을 것이다.

특히, 조직의 추종자를 자기 리더(self-leader)가 되도록 하는 권한 위임은 리더가 추종자에게 필요한 자원과 정보를 최대한 제공하면, 추종자는 창의적이고 효율적인 방식으로 위임맡은 일을 처리한다. 이러한 과정을 통하여 추종자들은 일의 보람을 느끼고 개인적으로도 성장을 하는 것이다. 따라서 리더는 자신의 권위를 독단적으로 사용하기보다는 추종자들의 잠재성을 인정하고, 추종자들에게 도전적인 일을 위임하여, 추종자들이 능력을 계발하고 발휘하도록 하는 권한위임의 리더십을 발휘해야 할 것이다. 리더의 능력에 의해서만 주도되는 조직은 리더의 능력 이상을 발휘할 수 없는 조직이다.

학교조직의 권한위임의 리더십을 위하여

다가오는 4차 산업 혁명시대에 중요한 교육을 담당하는 학교조직에 있어, 학교장의 권한위임은 학교 리더의 중요한 덕목이다. 학교조직은 다른 조직과 달리 학교 구성원 각자 모두가 리더이고, 리더의 역할을 해야 하는 특성을 가지고 있다. 학교장이 학교 경영에 있어 교사들과 협력하고 권한위임을 하지 않으면 오늘날의 학교조직은 효율적인 학교경영이 어려워진다. 학교조직은 학년마다, 부서마다의 독립적이고 자율적인 의사결정이 필요한 이완조직이기 때문에 권한위임이 매우 요구되는 조직이다. 학년에 학년부장에게, 부서에 부장에게, 학과에 학과장에게 상황과 업무에 따라 전적인 권한위임이 필요하다. 권한위임한 업무에 대해 학교장의 지나친 간섭이나 통제는 오히려 부정적인 결과를 초래하기 쉽다. 권한위임을 민주적으로 잘 발휘하는 학교장이 학교조직의 목표를 효율적으로 달성한다. 예를 들면, 전문학습공동체 조직, 교수-학습발전공동체 조직, 학교입시전담위원회 등에 전적으로 권한을 위임하여 각 조직이 발전할 수 있도록 후원하는 리더십이 필요하다.

학급을 경영하는 교사도 이제 혼자서 학급을 경영하는 방식은 현 시대에 적합하지 않고 비교육적이다. 학생들과 민주적으로 토론하여 결정하고, 학생들이 스스로 정한 것들을 합리적으로 실행할 수 있도록 권한을 위임하고, 후원하는 것이 효율적인 학급경영이다. 민주적인 리더로 학생들이 성장하도록 하기 위해서라도 학생들이 의사 결정한 부분을 학생들이 전적으로 권한을 가지고 올바르게 실천하도록 관리하는 것이 필요하다. 예를 들면, 학급규칙의 제정, 학급체험학습, 학급학습조직, 학급여행계획 등에 상당한 권한을 학생들에게 위임하는 것이 요구된다.

권한위임의 리더십 향상을 위한 점검 사항

1. 리더 자신은 추종자들에게 얼마나 권한위임을 하는가?

2. 리더 자신은 추종자들의 잠재성을 인정하는가?

3. 리더 자신은 추종자의 주인의식이 향상되도록 멘토의 역할을 하고 있는가?

4. 리더 자신은 권한위임의 효과를 경험하였는가? 하였다면 어떤 효과를 경험하였는가?

제13절 카리스마적 리더십

예수께서 열둘 제자들을 내보내시며 누구든지 너희를 영접하지 도 아니하고 너희 말을 듣지도 아니하거든 그 집이나 성에서 나가 너희 발의 먼지를 떨어뜨려라 내가 진실로 너희에게 이르노니 심판 날에 소동과 고모라 땅이 그 성보다 견디기 쉬우니라

마태복음 10장 14-15절

예수는 제자들에게 자신의 신념과 가치를 가르치고 세상에 나아가 사람들에게 선포할 것을 강력히 촉구하고 있다. 예수의 가르침을 받아들지 않으면 심판의 날에는 엄청난 재앙이 있을 것이라고 경고하고 있다. 예수는 온유한 표현으로 제자들에게 말하는 것이 아니라, 자신의 가르침이 매우 중요한 메시지, 즉 생명과 관계된 일이기 때문에 강력하게 엄하게 촉구하고 있는 것이다. 즉 카리스마적 권위를 가지고 하는 엄중한 표현이다. 따라서 카리스마란 타인을 끌어당기는 특별한 능력이나 자질적인 권위라고 정의할 수 있다.

예수 자신의 신념과 가치를 제자들에게 가르치고, 선포하고, 치유하는 권한을 위임하는 강력한 카리스마적 행위를 마태복음 10:7–8, 28:18–20절과 제자들에게 혈연과의 단절과 재산 소유를 포기하라고 촉구하는 가르침이 마가복음 10:28–30절에 있고, 마가복음 9:23, 25절에도 예수는 '믿는 자에는 능히 하지 못할 일이 없다(23절)', '귀신아 내가 명하노니 그 아이에게서 나오고 다시 들어가지 말라(25절)'고 강

력히 명령하는 표현이 있다.

조직의 관점에서 보면 리더의 카리스마적 권위는 매우 중요한 요소이다. 특히, 조직이 위기에 직면할 때, 리더의 비범한 능력을 통하여 추종자들에게 조직의 방향을 제시하고 앞으로 나가는 카리스마적 리더십이 요구된다. 조직이 어려움에 직면하게 되면 추종자들은 무엇을 어떻게 해야 할지 모르는 경우가 발생하며 카리스마적 리더는 더욱 자신의 능력을 발휘하여 조직을 이끌어나간다. "고난은 위기다"라는 말은 카리스마적 리더에게 적합한 표현이다. 그 결과, 카리스마적 리더는 추종자들의 헌신적인 복종과 충성을 이끌어내어 조직의 목표를 효과적으로 달성한다.

카리스마적 리더는 집단과업에 관련된 동기를 고양시키는 방향으로 행동한다. 이를 테면, 성취동기의 고양은 주도적이고, 개인적 책임감, 지속적인 노력 등을 필요로 하는 복잡하고 도전적인 것과 관련이 있고, 권력동기에 대한 고양은 경쟁적, 이성적, 능동적으로 행동할 것을 필요로 하는 과제 수행에 필요하다. 친애동기의 고양은 협동, 집단작업, 상호 지지 등의 과제 수행과 관련하고, 가치에 대한 감성적인 호소를 통한 동기 고양은 충성심, '최선을 다하라', '경쟁자를 물리치자' 등과 같은 것을 통해서 발생한다(신응섭 외, 1999: 215). 따라서 카리스마적 리더십은 조직의 목표를 효과적으로 달성하기 위해 리더가 비범한 능력으로 추종자들을 이끄는 리더십이다.

카리스마적 리더십을 효과적으로 발휘하기 위해서는 첫째, 추종자들과 공감하는 것이 필요하다. 리더는 추종자들에게 그들의 꿈을 실현시켜 주고, 추종자들의 꿈을 이해하고 있고, 그 꿈을 실현하기 위해 리더가 헌신한 것을 확신시키는 공감이 필요하다. 즉 추종자의 꿈을 정서적으로 리더가 함께 공유하고 있음을 확신시켜야 한다. 이성보다는 감성을 자극하고 호소하는 리더가 되어야 한다.

둘째, 추종자들과 효과적인 의사소통을 해야 한다. 추종자의 꿈을 어떻게 실현시킬 것인지를 이해시키고 설득을 해야 한다. 추종자들이 열정과 신의를 가지고 조직의 목표 달성에 최선을 다할 수 있도록 소통해야 한다. 일방적인 소통이 아니라 다양한 방식과 채널의 소통을 해야 한다. 원활한 소통은 조직의 문제를 해결하고, 어려움을 대비하는 협동심을 갖게 한다.

셋째, 자기희생의 모습을 추종자들에게 보여주어야 한다. 리더는 자신의 희생이 자신의 이익을 위해서가 아니라 조직 전체를 위한 것이라는 것을 보여주어야 한다. 그래서 때로는 리더의 물질적 · 사회적 손실을 보여주어야 한다. 그것은 추종자들의 신뢰를 얻기 위한 것이다. 리더의 자기희생은 추종자들에게 강력한 신뢰감을 형성한다.

부드러운 카리스마 리더십의 사례인 중국고사를 살펴보자. 중국 춘추전국시대 때 위나라에 '오기' 장군이 있었다. 그는 사령관임에도 불구하고 병사들과 숙식을 같이 하면서 아랫사람들을 극진히 사랑하는 장군이었다. 어느 날, 한 병사의 몸에 종기가 나자 자신의 입으로 종기의 고름을 빨아줘서 그 병이 나았다. 그 소문이 병사의 어머니에게 전해지게 되었다. 그런데 웬일인지 그 이야기를 들은 어머니가 대성통곡을 하는 것이었다. 그래서 주위 사람들이 "아들이 자애로운 장군 밑에 있는데 왜 우시오?" 하고 물으니까 그 어머니가 대답하길 "지난번에 남편에게 종기가 났을 때 오기 장군이 남편의 종기를 빨아 주었소. 그래서 남편이 오기 장군의 은혜에 보답하고자 열심히 싸우다가 전쟁터에서 돌아오지 못했소. 이제는 내 아들마저 그 장군의 은덕에 보답하려고 목숨을 바쳐 싸울 것이 아니오? 이제 내 아들도 죽은 목숨이오"라면서 울었다.

출처: 네이버 부드러운 카리스마 블로그(손현정의 행복코칭)

위의 사례처럼 오기 장군이 병사들에게 열심히 싸우라고 하지 않아도 목숨을 다해 열정과 신의를 가지고 싸울 수 있는 부하를 만드는 비범한 능력은 부드러운 카리스마의 모습이다. 카리스마라고 하면 절대적인 권력을 가지고 '리더가 시키는 대로 하지 않으면 좋지 않은 일이 일을 거야!'라는 식의 권력보다, 최근에는 리더가 강압하지 않아도 추종자들이 스스로 알아서 과업을 수행하도록 하는 부드러운 카리스마 리더십이 조직의 효과성을 증대시킨다.

현대 조직의 추종자들은 과거 카리스마 리더처럼 강력한 리더십을 발휘하면 오히려 독이 되는 경우가 있다. 시대의 변화에 따라 강력한 카리스마의 리더십은 자칫하면 추종자들에게 독재자로, 혹은 일방적인 리더십으로 인식되는 경우가 있다. 현대 조직의 추종자들은 이제 상당한 지식과 경험을 가지고 있고, 나름대로의 개성을 존중받는 시대이므로 부드러운 카리스마 리더십이 효과적이라고 할 수 있다. 특히, 학교와 같이 특수한 조직이나 전문조직의 경우에는 부드러운 카리스마 리더십이 효과적이다.

학교조직의 카리스마적 리더십을 위하여

학교장은 자신의 교육적 신념을 학교경영에 적용하기 위해서는 카리스마적 리더십이 요구된다. 학교조직에서는 다른 조직과 달리 카리스마적 리더십을 활용하기가 쉽지 않다. 교육조직의 특수성 때문이다. 그러나 학교 교육공동체 전체를 위해서, 학교의 혁신을 위해서 카리스마적 리더십이 요구될 때가 있다. 학교조직에서 이 리더십을 적용하기 위해서는 먼저, 교사들에게 자신의 교육적 신념의 정당성을 확보해야 한다, 즉, 교사들로부터 동의를 구해야 한다. 이를 위해서는 교사들과 격의 없는 대화와 토론이 이루어져야 한다. 둘째는 자신의 교육적 신념이 교사들의 교육적 신념 혹은 교육 철학과 일치하며, 교육자로서의 의미 있고 가치 있는 것임을 설득하여 공유할 수 있어야 한다. 셋째, 교장 자신이 교육적 신념을 학교경영에 적용할 수 있다는 능력과 헌신을 보여주어야 한다. 교장은 교사들보다 교육적 식견이 많지만, 실제로 그 능력을 교사들에게 보여주어야 한다. 예를 들면, 자신의 교육적 신념에 의한 학교경영이 어떻게 이루어질 수 있는지에 대한 청사진을 제시하여야 한다. 또한, 교장 자신이 이를 위해 물질적, 시간적, 사회적 희생을 할 수 있다는 점을 보여주어서, 교사들에게 신뢰감을 얻어야 한다.

교사가 자신의 교육적 신념에 따라 학급경영의 혁신을 하고자 할 때, 카리스마적 리더십을 활용할 수 있다. 교장의 경우와 유사하게 먼저, 학생들과 학부모들에게 자신의 교육적 신념을 통한 교육적 효용성에 대해 설명하고 설득을 해야 한다. 역시 구체적인 청사진도 제시하여야 한다. 둘째, 가장 먼저 학생들과 함께 교사 자신의 교육적 신념을 정서적으로 공감할 수 있는 분위기를 만들고, 토론하고 대화를 해야 한다. 셋째, 교사 자신이 교육적, 시간적 희생을 학생들에게 보여주어야 한다. 그것을 통해 교사의 교육적 신념에 대한 진정성을 신뢰하게 된다. 예를 들면, 교사가 계획해서 실행하는 '강릉지역 역사 탐방' 같은 것이다.

카리스마적 리더십의 향상을 위한 점검 사항

1. 리더 자신은 카리스마적 능력을 가지고 있는가? 없다면 그 능력을 함양하기 위한 어떤 노력을 하고 있는가?

2. 리더는 추종자들에게 자신의 신념이나 가치를 설득할 수 있는 의사소통 능력을 가지고 있는가?

3. 리더는 추종자들과 자신의 신념이나 가치를 공감하려는 노력을 하고 있는가?

4. 리더는 자신의 신념과 가치의 실현을 위해 물질적, 사회적으로 희생할 각오가 되어 있는가?

제14절 결 론

지금까지 신약성서에 나타난 예수의 리더십 특징들을 살펴보면 리더의 행동측면, 특성측면, 변혁적 측면, 도덕적 측면, 카리스마적 측면 등 크게 5부분으로 구분할 수 있다.

첫째, 행동측면은 인간관계를 중시하는 화목의 리더십이다.

둘째, 특성측면, 즉 리더의 자질측면은 위기관리의 리더십, 의사소통의 리더십, 솔선수범의 리더십 등이다.

셋째, 변혁적 측면은 신뢰의 리더십, 솔선수범의 리더십, 책임완수의 리더십, 권한위임의 리더십 등이다.

넷째, 도덕적 측면은 봉사의 리더십, 신뢰의 리더십, 배려의 리더십, 정직의 리더십, 공평의 리더십, 책임완수의 리더십, 관용의 리더십, 권한위임의 리더십 등이다.

다섯째, 카리스마적 측면의 카리스마적 리더십이다.

이 5가지 측면에서 솔선수범의 리더십은 자질측면과 변혁적 측면이 포함되고, 신뢰의 리더십, 책임완수의 리더십, 그리고 권한위임의 리더십은 변혁적 측면과 도덕적 측면에도 포함된다. 이러한 관점은 학자들의 관점에 따라 약간의 차이가 있다. 그러나 솔선수범은 리더의 자질적 측면으로 보는 학자가 많은 편이고, 신뢰, 책임완수, 권한위임은 변혁적 측면으로도 보는 학자들이 많으므로 필자도 이러한 관점이다. 따라서 예수가 제시하는 리더십은 리더의 자질(능력), 행동(인간관계 중심의 리더십), 변혁성(변혁적 리더십), 도덕성(도덕적 리더십), 카리스마 등을 강조하는 리더십이라 볼 수 있다. 그 중에서 무엇보다도 도덕적 리더십을 강조하는 특성이 있다(김재덕, 2003: 155). 즉 예수의 리더십은 도덕적－다차원적 리더십이다.

우리 앞에 다가오는 4차 산업혁명의 사회는 어떤 모습이어야 할까? 우리 사회는 새로운 환경에 대한 변화의 물결을 받아 들여야 하는 운명에 있다. 그러한 변화들이 우리 사회 각 분야에서 나타나고 있다. 특히, 초기 산업 사회와는 달리 두뇌를 필요로 하는 정보화 시대는 창의력과 감성 등이 중요시된다. 이러한 변화의 사회에 무엇보다도 필요한 것은 리더의 도덕성이다. 리더는 서로의 인격을 존중하고 조화로운 도덕적 사회를 이룩하여야 할 의무가 있다. 그러나 지금 우리 사회는 리더들의 부정부패로 인하여 국민은 리더들을 더 이상 신뢰하지 않고 있다. 행복하고 도덕적인 사회로 이끌어야 할 리더들이 비도덕적 행위로 개인이나 자신이 속한 단체 또는 정당의 이익만 앞세우고 국민의 고통은 외면하고 있다. 우리 국민은 청렴결백한 리더를 원하고 있다. 매스컴에서는 연일 국민이 도덕적 불감증에 걸려 있다고 보도하고 있다. 그것은 우리 사회가 인간에게 절대적으로 필요한 소중한 가치를 소홀히 하고 있다는 증거이다. 이제 대한민국의 리더들은 먼저 솔선수범하여 국민에게 도덕적 행동을 보여주어야 한다.

인터넷 네이버의 한 기사에 따르면, 지금 세계는 리더의 조건이 'Mr. Clean' 또는 'Ms Clean'이다. 자신이 깨끗하지 못한 사람은 이제 더 이상 지도자로 나설 수 없게 되었다. 그러므로 리더를 원하는 사람들은 젊어서부터 도덕적으로 문제가 없는 행동을 해야 하고, 남을 위해 봉사하고 헌신하는 생활을 해야 한다. 도덕 지수가 높은 사람이 21

세기 정보화 시대에 필요한 우리의 리더이다.

미국의 경우에는 정부의 각료, 대사, 고위 공무원이 되려는 사람은 누구나 인사 청문회를 거쳐 능력도 인정받고 도덕성에도 문제가 없는지를 검증받아야 한다. 도덕성이 검증받지 못하면 국가 리더가 될 수 없다. 그 만큼 리더의 도덕성이 중요하다. 왜, 지도자의 도덕성이 중요한 것일까? 만약 도덕성이 없는 사람이 국가나 조직에 중요한 위치를 차지하고 있는 경우에 그 피해는 엄청나기 때문이다. 비도덕적인 리더는 그 권력을 이용하여 공과 사를 구분하지 않고 자신의 사리사욕을 위해 수단과 방법을 가리지 않는 것이다. 도덕성을 상실한 리더는 국가나 조직의 이익은 눈에 보이지 않는다. 오직 자신의 이익만이 있을 뿐이다. 그에 대한 피해는 고스란히 국민과 조직 구성원들에게 돌아가는 것이다. 결국 한 국가의 리더들의 도덕성 상실은 국민의 희망을 죽이는 위험한 결과를 초래한다.

훌륭한 도덕성을 가진 빌 게이츠의 어떤 한 기사의 내용을 살펴보자! 세계적인 경영자인 마이크로 소프트의 빌 게이츠는 하버드 대학을 중퇴하고 벤처기업을 설립하여 대성공을 이룬 사람이다. 최단 시간에 미국 최고의 부자가 되었다. 그는 두뇌가 우수하고 친화력이 있으며 도덕성이 뛰어난 사람이다. 그는 권위주의나 격식을 좋아하지 않는다. 한국을 방문했을 때도 요란한 절차나 수행원 없이 손수 가방을 들고 김포공항에 나타나 우리를 놀라게 하였다. 그리고 어려운 사람들에게 자신의 재산을 헌납하는 등 자신보다 사회를 먼저 생각하는 리더이다.

BBC 뉴스 인터넷 판은 2004년 2월 12일 게이츠 재단이 결핵 백신 연구용으로 830만 달러(한화 약 960억)를 '에어러스 글로벌 결핵 백

신재단'에 기부했다고 보도하였다. 게이츠 재단은 250억 달러의 기금을 가진 세계 최대 빈곤국가 질병 퇴치 재단이다.

게이츠 재단의 세계 보건계획 담당 사무국장인 리처드 클라우수너 박사는 최근 미국 시애틀에서 열린 미국 과학 진흥협회 연례회의에서 "15초에 1명씩 결핵에 희생되는 현실을 개선하기 위해 기금을 내게 됐다"며 "이 액수는 전 세계가 결핵 백신 연구에 들이는 연간 비용의 2배가 넘는다"고 밝혔다.

빌 게이츠 회장은 현금과 물건을 합해 매년 2억 5천만 달러 이상 기부하는 것으로도 유명하다. 그는 올 1월 유엔개발계획(UNDP)의 빈곤척결 프로그램의 일환으로 "개발도상국에 컴퓨터 교육센터를 마련하고, 선진국과 후진국의 지식격차를 해소하기 위해 5년 동안 현금 10억 달러를 기부하는 운동을 계속 하겠다"고 밝힌 바 있다. 그리고 그가 경영하는 회사인 MS도 2003년 5월까지 45개국 150개 지원계획을 통해 5천만 달러 상당의 현금과 컴퓨터 소프트웨어를 기부하기도 하였다.

빌 게이츠 회장은 1997년경 어린 딸 제니퍼와 앞으로 태어날 형제들에게 1인당 1천만 달러만 물려주고 나머지는 모두 자선단체에 기부하겠다고 말해 주목을 끌기도 하였다. 이렇듯 빌 게이츠처럼 조직의 리더는 자신의 이익보다 남을 위한 봉사, 헌신, 자선 등을 베푸는 훌륭한 사람이어야 한다. 그런 자질이 없는 사람은 지도자로 나서서는 안 된다.

이 책의 1장에서는 예수의 리더십 13가지 주요 특성을 리더십 관점에 적용하여 기술하였다. 그 특성들은 각기 고유한 의미를 가지고 있으나, 각각 분리되어 있는 의미가 아니라 서로 유기적으로 연관되어 있는 종합적인 의미를 내포하고 있다. 그것들이 시사하는 바를 정리하면 다음과 같다.

첫째, 리더는 조직의 경영함에 있어 과업중심보다는 원만하고 화목한 인간관계나 협동을 우선으로 하는 인간중심적 리더십을 발휘하는 것이 필요하다.

둘째, 리더는 지적능력, 언어적 능력, 기술적 능력, 위기관리능력 등 다양한 능력을 소유하고 있어야 한다.

셋째, 리더는 신뢰, 솔선수범, 책임완수, 권한위임 등이 요구되는 변혁적 리더십을 발휘해야 한다.

넷째, 리더는 봉사, 배려, 정직, 공평, 관용 등의 자질적 관점과 행위적 관점에서의 도덕적 리더십을 발휘해야 한다. 도덕적 리더십은 리더가 갖추어야 할 가장 기본적인 덕목이면서 가장 중요한 덕목임을 잊지 말아야 한다. 따라서 리더는 조직을 경영함에 있어서 자신이 행하는 일이 도덕적인가, 부도덕적인가를 늘 살펴야 한다.

다섯째, 리더는 조직을 경영함에 있어 조직의 상황이나 문제의 사안에 따라 카리스마적 리더십, 인간중심의 리더십, 과업중심의 리더십, 상황적합적 리더십, 변혁적 리더십, 도덕적 리더십 등 다차원적인 리더십을 발휘하는 것이 필요하다. 특히, 가장 강조되는 것은 도덕적 리더십이다.

제2장

리더십의 이해

Understanding of Leadership

제2장
리더십의 이해

리더십은 무엇인가? 라는 질문에 답하기가 매우 어렵다. 왜냐하면 리더십은 연구자마다 리더십의 정의가 매우 다양하기 때문이다. 그 만큼 리더십을 한마디로 정의하기가 어렵다는 것이다. 그렇다고 해서 리더십의 정의를 회피하거나 생략한다는 것은 리더십의 이해를 더욱 어렵게 하기 때문에 수용할 수가 없다. 리더십을 공부하지 않은 독자는 너무 딱딱하게 느껴질지 모르지만, 리더십의 정의는 복잡하지 않고, 우리 생활에서 자주 발생하는 개념이기 때문에 조금만 관심을 가지면 이해하기가 어렵지 않다.

이런 측면에서 2장에서는 먼저, 리더십이란 무엇인가를 살펴보고, 다음에는 리더십은 왜 행사하는 것인가의 대답인 효과성의 요인들을 살펴보고, 그 다음으로 리더십의 문제를 고찰하는 이론을 살펴본다. 가끔 사람들은 이론과 실제는 다르다는 말을 한다. 사실, 이런 말은 많이 왜곡된 것이다. 이론은 어떤 현상의 문제를 해결하기 위해 연구를 통해 얻은 합리적인 지식이다. 따라서 이론은 어떤 현상이나 문제를 기술하고, 예측하고, 설명하는 역할을 한다. 그런 이론이 실제와 맞지 않는다는 것은 적절하지 않다. 물론, 어떤 현상이나 문제가 상황이 변하여, 그 이론이 적용되지 못하는 경우가 있다. 그래서 새로운 연구와 이론이 필요한 것이다. 이론은 시대, 장소, 사람이라는 요인에 따라 다르게 적용되는 경우가 특별히 존재한다. 그런 점에서 우리에게 적합한 한국적인 이론이 필요한 것이다.

2장에 핵심 주제인 지도성 이론의 내용은 리더의 특성을 강조하는 특성론, 리더의 행위를 강조하는 행위론, 상황을 강조하는 상황적합론 등의 전통적인 이론(조남두 외, 2006)과 더불어, 그 이후의 리더십 이론인 변혁적 리더십, 도덕적 리더십, 카리스마적 리더십 등에 대해 살펴본다.

제1절 리더십의 정의

리더는 조직의 목표를 수행하기 위해 추종자들에게 과업수행을 지시하고 조정하는 자이기 때문에, 리더십은 추종자들의 행동과 조직의 목적달성에 영향을 미치는 중요한 요소이다.

Stogdill(1950: 10－14)은 여러 학자들이 정의한 지도성 개념들을 분석하고, 종합하여, 집단과정의 핵심으로서의 리더십, 리더의 성격과 그 영향으로서의 리더십, 복종을 유도하는 리더십, 영향력 행사의 리더십, 권력관계의 리더십, 목적성취의 리더십, 상호작용의 리더십, 분화된 역할의 리더십, 구조를 창조하는 리더십 등 12가지로 제시하였다.

Cunningham(1976: 324)은 리더십을 새로운 가능성과 권력을 창출하고, 이끌고, 안정시키며, 따르게 하는 복합적인 행위라고 하였고, Limpham(1964: 122)은 '지도성은 집단의 목표를 달성하거나 변경시키기 위하여 새로운 구조나 과정을 이끄는 것'이라고 하였다.

Greenleaf(1970, 1977)는 리더십이란 '본질적으로 남을 섬기려는 사람에게 부여되는 것이라고 주장하면서, 리더가 되는 방법은 첫째, 봉사자가 되는 것'이라고 하였다. 섬기는 리더는 추종자들의 욕구에 관심을 기울이고 그들보다 더 지적이고 자유롭고 독립적이며 추종자들 자신이 남을 섬기는 사람이 될 수 있도록 도와주어야 한다고 하였다.

Wilcox와 Ebbs(1993: 37)는 리더십이란 '본질적으로 남을 섬기려는 사람에게 부여되는 것이며, 지도자의 진실성은 자신의 일련의 가치관에 따라 봉사의 특성이 나타나고 추종자와도 이러한 가치관과 관계한다'고 하였다.

이러한 리더십에 대한 다양한 정의들을 종합해서 보면, 리더십이란 '주어진 상황 하에서 조직의 목표를 효과적으로 달성하기 위해 추종자들을 섬기면서, 영향력을 행사하는 리더의 행위'라고 정의할 수 있다.

제2절 리더십의 효과성

리더십의 효과성은 위의 리더십 개념처럼 연구자의 시각에 따라 다양하다. 그러나 일반적으로 조직의 효과는 조직목표의 달성, 조직의 생존, 조직의 성장, 위기에 대처하는 조직의 능력, 조직 추종자들의 만족도, 조직목표에 대한 추종자들의 참여, 조직 구성원들의 개인적 발전 및 리더의 직위 유지 등으로 나타날 수 있다.

가장 일반적으로 사용되는 리더십의 효과성 척도는 리더의 조직의 목표의 달성여부이다. 그리고 리더가 자신의 추종자들의 욕구와 기대를 얼마나 충족시켰는가? 추종자들이 리더를 좋아하고 존경하는가? 추종자들이 리더의 요구를 실행에 옮기는 데 적극적으로 참여하고 있는가? 등이다

또한, 리더십의 효과성은 추종자 간의 협동, 추종자 간의 동기유발, 문제해결, 의사결정, 추종자 간의 갈등해결 등에서 진전을 이루었는가? 리더가 과업수행의 질을 향상시키고, 추종자들에게 자신감을 심어주고, 그들에게 역할을 증진시키고, 그들의 심리적 안정 혹은 성장·발전에 도움을 주었는가? 결국, 리더십의 효과성을 측정하는 데 어떤 것이 적절한 기준이냐 하는 것은 평가자의 목표나 가치기준에 따라 달라질 수 있다.

제3절 리더십 이론의 패러다임

지도성에 대한 이론과 연구는 특성론(traits theory), 행동론(behavioral theory), 상황적합론(contingency theory)으로 변화해왔다. 특성론은 리더가 당연히 소유해야 할 특성, 행위, 규범 등을 연구하였으며, 행동론과 상황적합론은 '리더는 무엇을 한다'와 같은 묘사적 접근에 초점을 둔다.

최근에는 이러한 리더십 접근이론 외에 변혁적 리더십(transfor-mational leadership), 카리스마적 리더십(charismatic leadership), 도덕적 리더십(moral leadership) 등이 조직 효과성에 기여하는 중요한 리더십으로 주목을 받고 있다.

1) 특성론(Traits Theory)

특성론은 1920년경부터 1950년대까지 리더십 연구의 주류를 이루었다. 특성론에서 리더는 이미 태어날 때부터 리더의 자질을 가진 자이다. 리더는 다른 사람보다 우수한 체력이나 능력을 갖고 있다는 것이다. 그리고 정신적·지적·신체적으로 유능하며, 소수의 특별한 사람으로서 높은 지위에 존재할 신분을 갖고 태어난다는 것이다. 그래서 특성론은 리더의 신체적·심리적·사회적 특성 등에서 추종자들과 구별되는 특성을 확인하는데 연구의 초점을 두었다. 효과적인 리더의 특성을 규명하기 위한 연구들을 통하여 많은 특성들이 리더의 특성으로 발견되었다.

Bass(1985: 56)는 리더의 특성을 체력, 기능, 지각력, 지식, 기억력, 상상력, 결단력, 지구력, 인내력, 용기 등으로 제시하였다. Stogdill(1948: 162－163)은 1904년에서 1947년에 이르는 특성론 접근에 대한 124개의 연구결과를 분석한 결과, 재능(지능, 기민성, 언어의 유창성, 독창력, 판단력), 성취(학문, 지식, 운동경기의 성취), 책임(의존성, 솔선수범, 지속성, 적극성, 자신감, 수월성), 참여(활동성, 사회성, 협동성, 적응성, 재치), 지위(사회경제적 지위, 인기) 등으로 구분하였다. 결국, 특성론에 대한 이러한 연구들을 종합해보면, 리더의 특성은 ① 신체적 특성, ② 정신적·인성적 특성, ③ 기술적 특성, ④ 사회경제적 특성, ⑤ 과업적 특성 등으로 구분할 수 있다.

그러나 특성론이 리더십 이론에 상당한 기여를 했음에도 불구하고, ① 리더의 특성에 대한 연구결과가 너무 다양하고, 연구마다 리더의 특성이 다르게 나타났다. Mann(1959: 261－264)에 의하면 리더의 인성특성에 대한 125편의 연구를 분석한 결과, 리더의 특성이 거의 상이함을 발견하였다. ② 모든 상황에 적용될 수 있는 리더의 특성이 발견되지 못하였다. 즉 조직의 상황에 따라 리더의 특성이 달라지기 때문에, 조직의 상황에 따른 리더의 특성이 요구된다는 의미이다. ③ 리더의 성격특성과 효과성 관계에서도 연구에 사용된 측정기법에 따라 다르게 나타나는 문제점이 있었다. ④ 리더십의 효과에 대한 추종자의 기대나 욕구의 영향을 무시하였다는 점 등 몇 가지 단점을 갖고 있다. 이러한 단점이 있음에도 불구하고 오늘날의 리더는 추종자들보다는 우수한 심리적·지능적·사회적·도덕적 특성 등을 가져야만 조직을 성공적으로 이끌어 갈 수 있기 때문에 특성론은 유용한 이론이다.

2) 행위론(Behavioral Theory)

이 이론은 1950년대에 리더십 연구에 행동과학적 방법이 대두되어 나타났다. 행위론은 리더의 행동을 범주화한 리더십의 유형과 그 효과성을 규명하였으며, 리더십의 행동유형에 따라 조직의 성과가 달라진다고 보았다. 행위론은 리더십의 행동 적절성을 조직의 성과정도에 근거하여 판단하기 때문에 규범적 이론이라 할 수 있다. 행위론에 대한 연구들을 살펴보면 다음과 같다.

(1) 아이오와 대학의 리더십

미국 아이오와대학의 Lewin, Lippit & White(1939: 271－277) 등의 교수들에 의해 리더십에 대한 행동론이 최초로 시도되었다. 연구에 적용된 리더십의 유형은 권위형, 민주형, 자유방임형이었다. 첫째, 권위형 리더는 집단 추종자에게 지시적으로 의사결정에 구성원을 참여시키지 않고 독단적으로 결정을 하며, 리더 자신이 추종자를 위한 모든 상황을 구조화한다. 둘째, 민주형 리더는 의사결정에 집단 추종자를 참여시켜 그들의 의견을 반영하며, 추종자는 과업을 수행하는데 영향을 끼칠만한 조건에 대하여 사전에 조언을 받으며, 과업의 수행과 의견의 제안을 자유롭게 제시할 수 있다. 셋째, 자유방임형 리더는 어떤 형태의 리더십도 발휘하지 않고, 집단의 상태가 되어가는 데로 방치한다.

연구 결과, 민주형 리더십이 집단 추종자의 과업성취 동기가 가장 높았고, 다른 집단보다 창의성과 협동성, 친밀성이 더 높았다. 권위형 리더의 집단은 다른 집단보다 불만이 많았고, 의존적이며 개성도 없고 과업수행에 있어 개인 간에 차이가 거의 없었다. 또한, 리더에 의해 야기된 좌절감으로 가끔 추종자들이 공격적 행위를 하였으나, 과업성취 정도는 가장 높았다. 자유방임형 리더는 권위형 리더보다 더 호감이 좋았으나, 다른 집단의 추종자보다 자유방임형 리더의 추종자들이 더 공격적이었다. 그러나 이 연구의 단점은 주변 환경에 대한 많은 변인들을 통제하지 않았고, 표집사례의 수도 적고, 11세 어린 학생들을 대상으로 하였기 때문에 일반화하기는 어려운 단점을 가지고 있다.

(2) Tannenbaum과 Schmidt의 리더십

Tannenbaum과 Schmidt(1957)는 리더는 추종자들에게 성취해야 할 과업과 그 수행방법을 지시할 수 있고, 과업을 계획하고 수행할 때 추종자들을 참여시켜 책임을 함께 갖도록 영향을 미칠 수 있다고 한다. 전자는 권위적 리더로 과업성취에 관심이 집중되고, 후자는 민주적 리더로 인간관계에 관심을 갖는다는 것이다. 권위적 리더는 추종자에 대한 영향력으로 직위에 주어진 권력을 사용하며, 추종자를 대할 때 과업 지향적이고, 리더 혼자서 독단적으로 의사를 결정하며, 과업을 성취하기 위하여 추종자를 많이 통제하는 경향이 있다. 반면에, 민주적 리더는 관계 지향적이고, 과업을 성취하는데 추종자의 자유를 상당히 허용한다. 결국, Tannenbaum과 Schmidt(1957: 95-101)는 관계 지향적(민주적) 리더와 과업 지향적(권위적) 리더를 양 극단으로 놓았을 때, 한 극단에 있는 리더 유형보다는 추종자의 능력, 조직의 목표 등을 고려하여 권력을 적절히 배분하는 리더가 효과적이라고 한다.

(3) 미시간 대학의 리더십

미시간 대학의 likert(1961)는 다양한 산업체들 중에서 높은 생산성과 낮은 생산성을 나타내는 조직의 추종자들을 인터뷰하여 효과적인 리더십 유형을 규명하였다. 그 리더십 유형은 과업중심의 리더십과 인간중심의 리더십으로 구분하였다. 인간중심의 리더십은 과업을 수행함에 있어서 인간관계 측면을 강조하고, 추종자 개인을 존중하며, 복지를 증진시키는데 관심을 갖고, 의사결정의 권한을 추종자에게 위임하고, 지원적인 과업환경을 창조하여 그의 욕구를 충족시키며, 추종자의 발전, 성취, 성장에 많은 관심을 가진 결과, 높은 생산성이 나타났다.

그러나 과업중심의 리더십은 직무의 생산적 · 기술적 측면을 강조하며, 추종자의 과업을 성취하는 도구로 보고, 과업을 성취하는 구체적인 절차, 강압적인 권력 행사, 성취결과의 철저한 평가 등을 적용하여 추종자를 철저하게 감독하며, 강압적 · 보상적 · 합법적 권한을 사용한 결과, 생산성이 낮게 나타났다. 따라서 효과적인 리더는 추종자를 존중하고, 그와 원만한 인간관계 유지하고, 과업의 성취를 높게 설정하고, 추종자들과 원활한 의사소통을 위해 인간중심의 리더십을 발휘한다는 것이 이 연구의 결론이다(Vroom, 1976: 1527－1530).

(4) 오하이오 주립대학의 리더십

오하이오 주립대학의 경영연구소는 리더에 대한 행동 유형으로 배려와 구조주도(과업중심)로 구분하였다. 배려란 리더가 추종자를 신뢰하고, 존중하며, 지원하고, 추종자의 의견에 귀를 기울이고, 복지를 향상시키는데 많은 관심을 갖는 것을 말하며, 구조주도는 리더가 오직 조직의 목적을 성취하는 데에만 관심을 갖고, 과업의 성취기준을 상세하게 정의하고 지시하며, 추종자들 간의 의사소통의 채널을 구체화하고, 과업의 성취결과를 체계적으로 평가하는 것을 의미한다(Halpin, 1966: 86).

배려와 구조주도는 서로 별개의 차원을 갖고 결합하여, 사분도상(Ⅰ－Ⅳ)에서 네 가지의 대표적인 리더의 행동유형을 형성하는데 가장 효과적인 것은 제Ⅰ유형으로 배려와 구조주도 모두가 매우 높은 상태를 말한다. 배려와 구조주도의 네 가지의 대표적인 리더의 행동유형의 특성은 다음과 같다.

① 제Ⅰ유형: 배려와 구조주도가 모두 높은 상태로 추종자를 많이 통제하고 지시하며, 추종자에게 인간적인 관심을 많이 갖고 온정적으로 대한다.

② 제 Ⅱ 유형: 배려와 구조주도가 모두 낮은 상태로 두 가지 행동유형에서 어느 한 가지의 특성도 갖고 있지 않으며, 자유방임적인 경향이 있다.

③ 제 Ⅲ 유형: 배려는 높으나 구조주도는 낮으며, 추종자에게 우호적이고 지원적인 경향이 있고, 통제나 지시 등은 소홀히 한다.

④ 제 Ⅳ 유형: 배려는 낮으나 구조주도는 높으며, 추종자에 대한 통제나 지시를 많이 하고, 과업의 성취를 강조하여 추종자를 인간적으로 지원하거나 배려하지 않는다.

4가지 지도성 유형에서 가장 효과적인 것은 제Ⅰ유형이며, 사려성과 구조주도성 모두가 매우 높은 상태이다.

(5) Blake & Mouton 의 관리망

Blake와 Mounton(1964)은 리더의 리더십 유형을 탐색하기 위해 관리망(managerial grid)을 개발하였다. 이 관리망은 인간 중심과 생산중심의 두 유형으로 구분하였다. 생산중심의 리더십은 구조주도이나 과업중심 리더십과 유사한 개념으로 리더가 과업 중심적이어서 조직의 목적을 효과적으로 성취하는데 관심을 집중한다. 인간중심의 리더십은 배려나 추종자중심의 리더십과 유사한 개념으로 추종자와 갈등을 회피하고 친밀한 관계 유지에 집중한다.

Blake와 Mouton(1964: 136)의 관리망은 인간중심과 생산중심의 정도에 따라 9점 척도로 평정하는데, 관리망의 가로 선상(x축)에서 1은 생산에 대한 관심이 적은 상태이고, 9는 가장 많은 상태이다. 세로 선상(y축)에서 1은 인간에 대한 관심이 가장 적고, 9는 가장 많은 상태이다. 이론적으로는 81(9×9)가지의 리더십 유형이 존재할 수 있으나, 가장 널리 사용되는 것은 다음과 같은 다섯 가지이다.

① 1–1형(무기력형): 리더는 생산에 대한 관심과 인간에 대한 관심이 모두 적은 상태이고, 추종자들이 생각하는 대로 행동하게 방임한다.

② 9–1형(과업형): 리더는 생산에 대한 관심은 매우 많으나, 인간에 대한 관심은 아주 적은 상태이고, 과업을 높이기 위해 자신이 모든 활동을 기획하고 통제한다.

③ 1–9형(컨트리 클럽형): 리더는 생산에 대한 관심은 아주 적고, 인간에 대한 관심이 효과성을 높인다고 생각하기 때문에 과업 구조화에는 관심이 적다.

④ 5–5형(중도형): 리더는 생산에 대한 관심과 인간에 대한 관심이 모두 중간정도가 조직의 효과성을 높이는 데 중요하다고 생각한다.

⑤ 9–9형(팀형): 리더는 과업의 요구와 인간의 요구를 극도로 충족시키면 과업을 성공적으로 이룰 수 있다고 생각한다. 생산에 대한 관심과 인간에 대한 관심이 모두 매우 높은 상태로 다섯

가지 중 팀형이 가장 이상적인 리더십이라 할 수 있다. 그러나 기업조직에서 가장 이상적인 리더십은 중도형이고, 그 다음으로 팀형, 과업형, 컨트리형, 무기력형 순이다(Blake & Mount, 1964: 232－233).

3) 상황적합론(Contingency Theory)

리더십 연구자들은 특성론과 행동론이 모든 상황에 일반화할 수 있는 효과적인 지도성을 발견하지 못한다는 문제점을 제기하면서 효과적인 리더십은 상황에 따라 달라질 수 있다는 데 인식을 하게 되었다. 즉 리더십의 효과성은 성격, 과업, 권력 등 다양한 변인들 사이의 적합성 정도에 따라 다르다는 상황적합론이 대두되었다(Hoy & Miskel, 1991: 270).

오늘날의 리더십 연구는 '어떤 상황에는 어떤 리더십이 효과적인가?'라는 질문에 초점을 둔다. 그래서 상황적합론에서 리더십의 효과성은 리더의 성격특성 및 행위, 과업구조, 지위권력, 추종자의 기능 및 태도 등과 같은 상황변인들 사이의 적합성 정도에 따라 결정된다고 보는 것이다. 따라서 상황적합론에 의한 리더는 조직의 능력과 추종자의 욕구를 환경의 요구와 효율적으로 연합시키고, 조직, 환경, 추종자 등의 특성이 변화하면 리더십도 그러한 상황에 적합하도록 변화시켜야 한다.

이 상황적합론의 기본 가정은 다음과 같다. 첫째, 리더십은 집단에 관련한 리더의 행위에 의해 묘사될 수 있다. 둘째, 리더십의 핵심은 과업지향성과 관계지향성의 정도이다. 셋째, 모든 상황에 효과적일 수 있는 일반적인 최선의 리더십은 없고, 효과적인 리더십을 확인하기 위해서는 리더십과 상황의 적합성을 평가하기 위한 체계가 필요하다.

넷째, 적절한 리더십 유형을 선택하는데 적용될 수 있는 준거는 효과성이다.

조직의 효과성을 극대화하기 위해서 리더는 조직의 상황을 정확히 진단해야 하고, 조직 추종자들의 능력과 동기의 다양한 차이를 파악할 수 있는 능력을 가져야 한다. 또한 조직 추종자와 상황요소들을 진단하는 능력뿐만 아니라 환경의 요구에 적응할 수 있는 자신을 변화시킬 수 있는 기능과 융통성을 가져야 한다. 상황적합론은 특성론에서의 리더 특성, 상황론에서의 상황, 행동론에서의 리더십 유형을 포괄하므로 행동론의 3차원이라고 한다. 상황적합론의 주요 이론들을 살펴보면 다음과 같다.

(1) Fiedler의 상황적합론

Fiedler(hoy & Miskel, 1991: 274)는 리더십의 유형과 상황의 적합관계에 의하여 효과적인 리더십을 규명했고, 리더십의 유형과 상황의 관계성을 처음으로 제시했다. 그의 이론의 기본 가정은 다음과 같다. 첫째, 리더십 유형은 리더의 동기에 의하여 결정된다. 둘째, 조직의 상황은 과업구조, 리더의 지위권력, 리더와 추종자 간의 관계에 의하여 결정된다. 셋째, 조직의 효과성은 리더십 유형과 상황의 호의성 정도가 상호작용하여 결정된다.

그의 이론에 따르면 리더의 행위는 리더의 성격(욕구, 동기, 충동)과 상황이 상호작용하여 결정된다는 것이다. 그러므로 효과적인 리더십은 상황의 호의성 정도를 판단하여 규명될 수 있다. 상황이 다르면, 조직의 과업을 효과적으로 성취하기 위한 리더십은 다른 유형을 요구한다.

Fiedler의 상황적합론에서 중요시되는 개념들을 살펴보면 다음과 같다.

① 리더십 유형

Fiedler는 리더십 행위를 리더가 추종자들에게 과업을 지시하고 조정하는 구체적인 활동으로 보았고, 리더십 유형은 리더가 다양한 상황에서 개인의 행위를 동기화하는 리더 자신의 욕구구조로 구분하였다. 즉 리더십 유형은 리더의 성격특성을 말하는 것이지 리더의 일관된 행위유형을 말하는 것이 아니다. 리더십 행위는 상황에 따라 다르나, 행위를 동기화하는 자신의 욕구구조와 동일한 경향이 있다. 상황적합론에서는 안정되고 지속적인 성격특성이 리더의 동기체제를 형성하는 것이며, 개인의 성격변화는 점진적이고 미미한 것으로 본다.

리더십 유형에서 과업 지향적 리더십은 리더가 추종자의 과업수행을 통제하고 구조화하며, 과업의 효과적인 성취에 집중한다. 불안정한 상황에서는 추종자들과 친밀한 관계를 유지하며, 그들의 지지를 원한다. 리더에게 호의적이거나 비호의적인 상황에서 효과적이다. 관계지향적 리더십은 배려적인 리더십 특성을 가지며, 우호적인 상호작용으로 만족을 추구한다. 불안정한 상황에서는 과업이 잘 성취될 수 있도록 지시하고 구조화한다. 상황이 보통 정도의 호의성일 때 효과적이다. 이 두 리더십은 동일한 연속선상에서 양극단에 위치하며, 한쪽이 지배적이면 다른 한쪽은 부차적인 것이 된다.

Fiedler는 리더십을 측정하기 위하여 간편한 성격측정 도구인 LPC(Least Preferred Co-worker Scale)를 개발하였는데, LPC 점수가 높으면 관계 지향적 리더십이고, 낮으면 과업 지향적 리더십이다. Fiedler는 LPC 점수에 의한 리더십의 특성과 3개의 상황변인(리더-추종자의 관계가 좋고 나쁨의 정도, 과업구조가 구조적인가 비구조적인가 정도, 리더의 권력이 강한가 약한가의 정도)의 조합에 의해 분류되는 8가지 집단상황의

적합성에 의하여 리더십 유형과 지도성의 효과성을 연결시켰다.

② 리더십 상황

상황이란 리더에 대한 상황의 호의성 정도를 의미하는 것이며, 상황의 호의성은 리더가 추종자들을 통제하고 영향력을 발휘할 수 있는 정도를 말한다. 상황은 리더에게 호의성의 정도에 따라 여러 가지 유형으로 구분될 수 있다. 그 호의성 정도분석은 리더의 지위권력, 조직의 과업구조화, 리더－추종자와의 관계에 근거한다.

리더의 지위권력은 조직의 과업 성취를 위해 리더에게 부여한 권력이며, 리더가 추종자들에게 상·벌을 주고, 복종하도록 할 수 있는 공식적인 힘의 정도이다.

과업구조화는 과업을 명료하게 구체화하며, 단계적으로 프로그램화된 정도를 말한다. 과업구조화는 목적의 명료성, 과업 성취방법의 종류, 해결책의 구체성, 결정의 검증 가능성 등을 포함한다. 구조화가 잘된 과업은 목적이 명료하게 정의되고, 과업의 성취방법과 해결책이 한 가지이며, 수행해야 할 과업과 성취방법을 정확하게 이해할 수 있다. 리더 역시 과업의 수행방법을 정확하게 이해하고, 과업의 성취를 쉽게 지시하고, 통제하고, 조정할 수 있다. 반대로 비구조화된 과업은 성취목적이 모호하고, 성취방법이 명료하지 못하며, 접근방법이 다양하여 리더나 추종자가 행동 결정에 어려움을 갖게 된다. 과업의 구조화는 조직에 의해 결정되며, 과업이 구조화될수록 상황이 리더에게 호의적이고 효과성이 촉진된다.

리더와 추종자와의 관계는 리더가 추종자들에 의해 인정되고 존경되는 정도를 말한다. 주로 리더의 성격과 행위에 의해 결정되며, 추종자에 대한 리더의 영향력 결정에서 가장 중요한 요소이다. 양자의 관계는 리더와 추종자 간의 관계의 질과 리더에게 부여된 비공식적인 권위의 정도에 따라 영향이 미친다. 양자의 관계가 좋고, 리더가 추종자에 의해 많이 인정되면 추종자는 리더에게 잘 복종한다. 양자의 관계가 양호하다는 것은 리더가 추종자로부터 신뢰와 존경을 받고 있다는 것을 말한다. 양자의 관계가 좋을 때 리더는 추종자에게 더 쉽게 영향력과 권력을 행사할 수 있다.

리더십 상황에서 리더의 지위권력, 과업의 구조화, 리더－추종자와의 관계에 대한 상대적인 중요도는 4：2：1의 비율이다.

③ 리더십의 유형과 상황의 조화

리더의 효과성은 집단 추종자들이 과업을 얼마나 잘 성취했느냐에 의하여 결정된다. 효과성의 요소로는 직무만족, 이직률, 사기, 인간적 적응 등이나, 그 자체가 과업의 성취정도를 나타내는 것은 아니다.

3가지 상황요소에 의해 상황의 호의성이 ＜표 1＞에서처럼 8가지로 구분된다. 즉 지위권력은 강함과 약함으로, 과업구조화는 구조적임과 비구조적임으로, 리더와 추종자와의 관계는 좋음과 나쁨으로 구분된다. Fiedler는 8가지 상황별로 가장 효과적인 리더십 유형을 제시하였다. 가장 효과적인 리더십 유형과 상황은 집단의 성과를 극대화하는 리더십 유형과 상황의 호의성 정도에 의해 결정된다. ＜표 1＞에서 보는 바와 같이 리더와 추종자 간의 관계가 좋을 때 상황은 호의적이지만 관계가 나쁘면 상황이 중간이거나 비호의적이다. 상황이 매우 호의적이고 아주 비호의적일 때는 과업 지향적 리더십이 효과적이다. 상황이 호의적이지만 지위권력이 약하고 과업이 비구조적이면 관계 지향적 리더십이 효과적이다. 그리고 상황의 호의성이 중간정도이면 관계 지향적 지도성이 효과적이다.

통제가 적거나 많은 상황에서는 관계 지향적 리더보다 과업 지향적 리더가 더 효과적이다. 통제가 보통이면 관계 지향적 리더가 과업 지향적 리더보다 더 효과적이다.

Fiedler의 상황적합론은 LPC 척도가 리더십 유형이 아닌 성격을 측정하는 도구, 과업구조화와 리더–추종자 간의 관계에 리더가 영향을 미칠 수 있다는 점을 간과했다는 점, 중간의 상황호의성에서 관계지향적 리더십이 효과적이라는 이유를 충분히 설명하지 못한 단점이 있다. 그러나 조직의 상황을 체계적으로 분석하여 효과적인 리더십을 제시했다는 점, 리더십이 상황에 따라 효과성이 달라질 수 있다는 새로운 시각을 제공했다는 점, 그리고 리더십의 효과성을 상황요소와 리더십의 상호작용으로 제시함으로써 상황을 조작하여 상황에 효과적인 리더십 유형을 선택할 수 있는 가능성을 확보한 점은 리더십 연구에 큰 기여를 하였다.

표 1 효과적인 리더십 모형

상황	지위권력	과업구조화	리더와 추종자 관계	상황의 호의정도	통제수준	효과적인 지도성 유형
1	강함	구조적임	좋음	호의적임	매우높음	과업지향성
2	약함	구조적임	좋음	호의적임	높음	과업지향성
3	강함	비구조적임	좋음	호의적임	높음	과업지향성
4	약함	비구조적임	좋음	호의적임	보통	관계지향성
5	강함	구조적임	나쁨	중간	보통	관계지향성
6	약함	구조적임	나쁨	중간	보통	관계지향성
7	강함	비구조적임	나쁨	중간	낮음	관계지향성
8	약함	비구조적임	나쁨	비호의적	낮음	과업지향성

(2) Hersey & Blanchard의 리더십 이론

Hersey & Blanchard(1982)는 Reddin의 3차원 리더십 이론을 활용하여 3차원 리더 효과성 모델을 개발하였다. 이 모형은 추종자의 성숙도에 적절하고 효과적인 리더십 유형을 규명하는데 중점을 두고 있다. 리더가 과업의 목표를 효과적으로 성취하기 위해서는 추종자의 성숙도 수준을 규명하고, 그 수준에 따라 리더의 효과적 모형이 정한대로 행동을 취하는 것이 적절하다. 두 연구자의 이론에 대한 주요 개념을 살펴보면 다음과 같다.

① 리더십 유형

Hersey & Blanchard(1982)의 리더십 이론은 리더의 행위에 초점을 두고 있다. 그것은 과업적 행위와 관계적 행위로 구분된다. 과업적 행위는 리더가 추종자들에게 수행해야 할 과업의 목적, 수행방법, 수행시기, 장소 등을 구체적으로 지시하며, 추종자들의 의견을 수렴하지 않고 일방적인 통고를 한다. 관계적 행위는 리더가 추종자들에게 심적으로 후원을 하며, 진지한 대화의 기회를 제공하여 과업 성취를 촉진하며, 추종자들은 자신들의 의견을 자유롭게 발표하고, 리더와 추종자는 쌍방향적 의사소통을 한다.

과업적 행위와 관계적 행위는 양 극단을 '낮다'와 '높다'로 하여 별개의 선상에서 그 정도를 나타내는 개념이다. 이 2가지 행위 차원을 중심으로 높은 과업적 행위와 낮은 과업적 행위(지시형), 높은 과업적 행위와 낮은 관계적 행위(지도형), 낮은 과업적 행위와 높은 관계적 행위(지원형), 낮은 과업적 행위와 낮은 관계적 행위(위임형)로 구분한다. 이 4가지 리더십 유형을 살펴보면 다음과 같다.

첫째, 지시형 리더십은 추종자가 책임을 질 능력과 의지를 가지고 있지 않다. 그래서 리더는 추종자의 역할을 명료하게 정의하고, 과업 성취를 위해 추종자들에게 무엇을 어떻게 할 것인가에 대해 구체적으로 지시한다.

둘째, 코치형 리더십은 추종자는 책임질 능력은 없으나, 의지는 가지고 있다. 리더는 추종자들에게 주로 지시하고, 의사결정에 참여하도록 하며, 쌍방적 의사소통을 한다.

셋째, 지원형 리더십은 과업성취에 필요한 지식과 능력은 갖고 있으나, 의지가 빈약하다. 리더는 추종자들을 지원하여, 그들이 능력을 발휘할 수 있도록 한다. 그리고 리더는 쌍방적 의사소통을 추진하고, 추종자와 함께 의사결정을 하도록 노력한다.

넷째, 위임형 리더십은 추종자의 과업적·심리적 성숙도가 매우 높기 때문에 스스로 책임을 질 수 있는 의지와 자신을 갖고 있다. 그러므로 리더는 많은 권한을 추종자에게 위임한다.

② 리더십 상황

리더십 상황을 분석함에 있어서는 개인 및 집단의 성숙도라는 변인만을 고려하였다. 여기서 성숙은 개인 및 집단의 전반적인 능력을 말하는 것이 아닌, 과업을 성취하는 능력을 의미한다. 성숙도는 과업의 능력, 지식, 경험, 동기, 자아존중, 자신감 등의 수준으로 정의될 수 있다. 성숙도는 직무 성숙도와 심리적 성숙도로 구분된다. 직무 성숙도는 추종자의 직무 수행능력이며, 타인의 구체적인 지시 없이 과업을 성취할 수 있는 지식, 기능, 경험, 능력의 정도를 말한다. 심리적 성숙도는 추종자 개인의 과업과 관련된 의욕과 동기의 수준이며, 성취욕구와 책임을 수용하려는 의지를 포함한다. 그래서 심리적 성숙자는 책임을 중시하고, 자신에 대해 긍정적인 감정을 갖는다.

성숙도와 관련된 능력은 정도로 나타내며, 급격한 변화가 없으나 의욕은 동기로서 수시로 변한다. 이러한 사람의 성숙도는 시간이 지나면 높아지는 경향이 있다. 리더는 조직의 과업을 효과적으로 성취하기 위해서는 개인과 집단의 성숙도가 다를 수 있기 때문에 양자를 잘 파악해야 한다. 결국, 리더는 집단과 개인의 효과적인 리더십 효과가 다르므로 지도성 유형이 다르다는 것을 이해해야 한다.

성숙된 추종자는 과업 추진 능력이 우수할 뿐만 아니라 심리적으로도 성숙하다. 효과성 모형은 직무의 성숙도와 심리의 성숙도가 결합하여 개인의 성숙도 수준을 나타내며, 그 정도에 따라 성숙-미성숙의 연속선상에서 4가지 범주, 즉 성숙도가 매우 낮은 수준, 낮은 정도의 성숙도, 높은 정도의 성숙도, 매우 높은 정도의 성숙도 등으로 나타낸다.

③ 리더십 유형과 상황의 조화

Hersey & Blanchard(1982)는 과업 성취에서 추종자의 성숙도 수준이 높아져서 중간정도가 될 때까지는 리더의 과업성 행위를 감소시키고 관계성 행위를 증가시키는 것이 효과적이라고 하였다. 추종자의 성숙도 수준이 중간 정도 이상이 되면 리더의 과업성 행위와 관계성 행위를 모두 감소시키고, 추종자의 성숙도가 매우 높은 수준에 이르면 리더의 과업적·관계적 행위가 거의 필요 없게 된다.

집단의 성숙이 매우 낮을 때는 지시형 리더십이 효과적이고, 낮을 때는 지도형 리더십이 효과적이고, 높을 때는 지원형 리더십이 효과적이고, 매우 높을 때는 위임형이 가장 효과적이다. 결국, 개인 및 집단의 성숙도는 시간이 지나면 높아질 수 있고, 성숙도가 좋아지면 과업적 리더십을 감소시켜야 효과적이다. 또한 리더의 효과성은 개인 및 집단의 성숙도의 상황이 잘 조화가 되었을 때 높아질 수 있다.

④ 효과적인 리더십

조직의 효과성은 조직의 목적이 성취된 정도를 말한다. 리더십 상황은 추종자들의 성숙도를 의미하고, 그 성숙도의 정도에 따라 효과적인 리더십 유형이 결정된다. 리더가 주어진 상황에서 어떤 리더십이 효과적인가를 결정하기 위해서는 다음과 같이 3단계로 과업을 수행할 수 있다. 첫째, 1단계에서 리더는 추종자들의 과업영역이 다를 수 있으므로 이를 확인한다. 둘째, 2단계에서 리더는 추종자들의 담당 과업영역에서 과업성취 능력, 동기와 같은 성숙도를 규명한다. 셋째, 3단계에서 리더는 리더십 모형의 추종자들의 성숙도 수준에 해당하는 리더십 유형을 확인한다.

이러한 절차에 의해 추종자의 성숙도에 따라 나타나는 일반적인 리더십 유형은 성숙도가 매우 낮은 경우는 지시적 리더십(높은 과업/낮은 관계적 행위)이 효과적이고, 성숙도가 낮은 경우는 코치형 리더십(낮은 과업/높은 관계적 행위)이 효과적이고, 성숙도가 높은 경우는 지원형 리더십(낮은 과업/높은 관계적 행위)이 효과적이고, 성숙도가 매우 높은 경우는 위임형 리더십(낮은 과업/낮은 관계적 행위)이 가장 효과적일 수 있다.

4) 변혁적 리더십(Transformational Leadership)

변혁적 리더십은 교환적 리더십과 대비되는 1980년대 이전의 리더십을 보완하는 이론으로 추종자에게 기대 이상의 과업수행을 가능하게 하는 리더십이라 할 수 있다. 교환적 리더십을 리더가 추종자에게 순종을 요구하고 그 대가로 보상을 제공하는 리더십이라 한다면, 변혁적 리더십은 리더가 추종자의 잠재 능력을 개발하도록 도움을 주고, 내재적 만족을 주는 리더십이라 할 수 있다.

구체적으로 변혁적 리더는 ① 추종자에게 비전, 사명감을 제공하고, 자부심을 주입시켜 추종자로부터 존경과 신뢰를 얻는 카리스마를 가지고 있다. ② 추종자에게 높은 기대를 전달하고, 단순한 방법으로 중요한 목적을 전달하고, 노력에 초점을 두는 상징을 활용하는 감화적 행위를 한다. ③ 추종자에게 지적자극을 통해 지식, 합리성 및 문제해결능력을 증진시킨다. ④ 추종자 개인에게 관심을 두고, 개인적으로 상대하고 지도·충고한다(이한검, 1994: 456).

나아가서 변혁적 리더십은 추종자들의 욕구와 능력을 인정하고 그들의 잠재력을 일깨워 보다 더 훌륭한 사람으로 향상시키며(Bass, 1985: 462), 리더십 과정을 통하여 리더와 추종자들이 서로 상대방을 더 높은 수준의 동기유발과 도덕성을 갖도록 고양시킨다. 그러한 리더십은 궁극적으로 리더와 추종자 모두의 인간적 행위와 열망의 수준을 높인다는 점에서 도덕적인 것이 된다. 그래서 그것은 양측 모두에게 변혁적 효과를 갖는다(Bass, 1985: 20).

변혁적 리더십의 특성은 첫째, 추종자들로부터 신뢰와 존경을 받고 모방의 대상이 되어 이상적인 영향력을 행사하는 '이상화된 영향력'이다. 둘째, 추종자들로 하여금 조직이 과업을 달성하고 발전할 수 있는 기대와 도전을 갖도록 하며, 비전을 공유하도록 추종자들을 '영감적으로 동기화'한다. 셋째, 기존 상황에 대해 새롭고 개인적인 방식으로 접근함으로써 추종자들이 혁신적이고 창의적이 되도록 하는 '지적 자극'이다. 넷째, 추종자들의 개인적 성장 요구에 관심을 보이며 지원적 분위기에서 학습기회를 제공하여 그들의 잠재력을 발전시키는 '개별화된 배려'이다. 다섯째, 리더는 단순히 상황에 적절한 리더십을 행하는 것이 아니라, 리더의 특성과 스타일에 맞도록 '상황 자체를 변혁'한다.

5) 도덕적 리더십(Moral Leadership)

지도자가 조직의 지도성을 발휘하는 데 있어서 권위를 확보하는 것은 중요한 일이다. 권위는 관료적 권위, 심리적 권위, 기술-합리적 권위, 전문적 권위 등 다양한 권위가 있으나 무엇보다도 공동체의 높은 신념과 가치에서 파생되는 사명감, 책임감, 도덕적 판단, 봉사, 정직 등의 실천적 행위가 요구되는 도덕적 권위를 발휘하는 것이 중요하다. 그것이 바로 도덕적 지도성이다.

도덕적 리더십은 리더의 개인적인 자질이 추종자들로부터 존경이나 동일시의 대상으로서 추종자들에게 영향을 미치는 리더십이다. 즉 리더는 조직의 과업을 수행함에 있어 도덕적 행위자가 되어야 한다. 따라서 도덕적 리더십의 권위와 영향력은 무엇이 옳고 좋은가라는 개념에서 나온다. 따라서 도덕적 리더십에 대한 개념 정립을 위해서는 먼저 도덕이론에 대한 이해가 필요하다.

(1) 도덕이론

도덕이론은 특정한 상황에서 무엇이 옳고 그른지, 또 무엇이 좋고 나쁜지를 판단하고, 행동하는 데에 중요한 지침이 되는 법칙과 원칙의 체계를 제공해준다. 또한 도덕이론은 리더십과 관련하여 리더가 어떻게 행동해야 하는가에 대한 행위적 관점, 어떻게 도덕적인 판단을 해야 하는가에 대한 추론적 관점, 그리고 누가 리더가 되어야 하는가에 대한 자질적 관점과 관련된다(김재덕, 2007: 211-214).

자질적 관점은 Northouse(2001: 305-306, 재인용)의 시각을, 행위적 관점은 Northouse(2001: 303-305)의 시각을, 추론적 관점은 Kohlberg(1981)와 Hodgkinson(1991: 97-101)의 종합한 시각을 중심으로 살펴보고자 한다.

첫째, 자질적 관점은 도덕적 리더에 대한 시각을 자질이나 덕성, 혹은 품성으로 보는 시각이다. 즉 어떤 가치를 가지고 있어야 도덕적 자질이 있는 리더인가에 대한 문제이다. 그렇다면 도덕적 리더의 덕성이란 무엇인가? 아리스토텔레스는 용기, 절제, 관용, 자제, 정직, 사교성, 겸양, 공정, 정의 등으로 보았고, Velasquez는 인내, 공적 사명감, 정직성, 진실성, 충실성, 자비심, 겸손 등 정의적인 특성을 제시하였다(Northouse, 2001: 305-306 재인용).

본질적으로 자질적 관점은 선하고 가치 있는 인간이 되는 것에 대한 이론이다. 이 시각의 주장은 사람이 선한 가치를 학습하고 발전시킬 수도 있지만, 그러한 자질은 개인의 성향 속에 내재한다고 주장한다. 즉 어려서 어른이 될 때까지 자질을 익히게 되면 시간이 지남에 따라 그 동안 학습한 좋은 가치가 습관화하여 개인의 한 부분으로 내면화된다는 것이다((Northouse, 2001: 306).

그러나 오늘날과 같은 복잡한 현대사회에서 조직의 리더는 인간과 인간과의 관계 속에서 일어나는 갈등의 문제를 해결하고, 조직의 목표를 향해 진취적으로 나아가야 하는 어려운 상황에 처해 있다. 그러므로 조직의 리더는 조직의 문제에 대해 먼저 깊이 생각하고, 합리적이고 도덕적인 판단을 해야 하고, 때로는 조직의 하위자들의 이익을 위해 헌신하고 봉사해야 한다. 이러한 점에서 자질적 관점이 도덕적 판단과 도덕적 행동 특성이 갖는 헌신, 봉사 등의 측면을 어떻게 이해할지에 대해서는 충분히 설명하지 못한다는 지적이 제기될 수 있다. 또한 문화에 따라 다르게 나타나는 리더의 도덕적 자질의 개념을 어떻게 타당화할 것인지에 대한 구체적인 근거를 제시하지 못하는 단점이 있다.

둘째, 추론적 관점은 조직의 리더가 가치갈등이 되는 도덕적 문제를 어떻게 도덕적으로 판단하거나 결정을 할 것인가에 대한 시각이다. 즉 도덕적 문제에 대해 상이한 가치들이 갈등을 하게 될 때, 합리적인 결정을 하도록 그 근거를 제공해 준다. 도덕적 추론이란 무엇이 옳고 그르며 좋고 나쁜지를 이성적으로 받아들일 수 있는 훌륭한 이유에 기초하여 도덕적 결정을 하는 것이다(Kohlberg, 1981). 그러므로 도덕적 추론은 도덕적 판단의 과정의 하나로서, 도덕적인 문제에 대하여 합리적으로 논의하는 것이며, 과학적인 문제나 법적인 문제에 대한 추론들과도 관련이 있다(박병기 · 추병완, 1996: 91). 특히 도덕적 판단을 하는 데 인지적인 과정이 필요한 것은 도덕적인 가치의 문제들은 고립되어 해결될 수 있는 성질의 것이 아니기 때문이다. 즉 인간은 무엇이 옳고 그른 것인지를 결정하기 위해서는 일반적으로 인간 가치에 대한 하나의 입장이 필요한 것이다.

주어진 갈등 상황에서 어떻게 가치의 개념을 타당화하고, 정당화하고, 결정하여 중요한 순서를 정할 수 있는가? 이는 조직의 도덕적인 가치의 갈등을 리더가 어떻게 해결할 것인가의 문제이기도 하다. 이에 대해 Hodgkinson(1991: 97-101)은 교육행정은 기술공학적인 정교함보다는 예측적인 설명력과 인간 의지와 선택, 책임감 등의 가치문제를 다루어야 함을 주장하면서, 개인적 차원(idiographic dimension)과 조직 중심적 차원(nomothetic dimension)에서 발생하는 다양한 가치갈등에 대한 분류를 의무론적 차원(옳음의 영역)과 가치론적 차원(좋음의 영역)으로 나누어서 제시하였다. 주어진 갈등 상황에 대한 가치개념의 분석은 원리, 결과, 합의, 선호 중에서 어디에 가치기준을 두느냐에 달려 있다는 것이다.

먼저, '원리'에 기반을 둔 가치유형의 행동은 이성을 초월한 개인의 의지나 믿음에 근거한 행동으로 형이상학적이다. 이것은 윤리강령, 명령, 계명 등의 형태를 취한다. 그 특징은 과학적으로 검증될 수 없고 단순한 논리적 주장으로 정당화될 수 없다. 그래서 이 가치유형은 초월적인 가치유형으로서 합리적 가치유형과 전합리적(subrational) 가치유형과 구별되는 절대성을 가지고 있다. 따라서 원리는 합리성과 갈등하지 않는 나름대로의 합리성을 가지고 있기 때문에, 이성적 추론보다는 의지에 근거를 두는 특징을 가지고 있다. 이에 대한 선택은 신뢰, 신념, 공약 등의 행동을 내포하고 있다. 예를 들면, 국가나 사회를 위한 헌신적 행위를 들 수 있다.

다음으로, '합의와 결과'로 이에 대한 가치 기반은 이성과 인지능력을 포함하고 있으며, 그 기반이 집단성과 집단적 판단에 의존하기 때문에 사회적이다. 결과의 분석은 사회 상황, 사회 규범, 기대, 사회 기준에 주어진 체제 등을 전제로 한다. 한 예로, 합리성은 합의과정을 거쳐 개인의 선호가 된다. 결과는 가치를 얻은 결과를 분석한 근거로 가치가 정당화된다.

그 다음으로, 대상이나 행위의 '선호'는 개인적 정서에 기반을 두고 있다. 개인의 선호형태를 구성하는 이 유형은 자기 판단적, 정서적,

감정적이기 때문에 전합리적이다. 그러므로 나는 왜 그를 좋아하는가에 대한 가치는 그냥 내가 좋아하기 때문이다가 된다. 이 가치유형은 원초적이며 본질적인 사실에 의하기 때문에 있는 세계는 있는 그대로다. 예를 들면, 나는 검정색보다 파란색을 더 좋아한다. 파란색을 선호하는 것은 특별한 이유 때문이 아니라 그냥 파란색이 좋은 것이다.

그러나 추론적 관점은 도덕이라는 가치를 지나치게 인지적인 사고의 과정과 복잡한 가치기준에서 보려는 경향이 있기 때문에 가치들 간의 갈등이 더 심화되어 가치판단에 혼란이 야기되어, 특정한 도덕적 맥락에서 절대적인 원칙들 간의 가치갈등을 어떻게 해결할 것인지에 대한 구체적인 대안을 제시하지 못하고 있다. 추론적 관점은 도덕적 판단이 도덕적 행위로 연결될 수 있다는 단순한 논리를 하고 있어 비판을 받았으며, 비록 인지적인 도덕적 이해와 판단이 도덕적 행동을 위한 필요조건은 될 수 있을지 모르나 그 자체가 충분조건은 되지 못한다(박병기, 추병완, 1996: 115－116). 그럼에도 불구하고, 추론적 관점은 무엇이 가치인지, 즉 인류의 보편적 상황에 대한 원칙적인 근거를 제시하고 있다는 점에서 큰 장점이 있다.

셋째, 행위적 관점은 어떤 행위를 하는 사람을 도덕적인 사람이라 할 수 있는가에 대한 시각이다. 즉 어떤 행위가 도덕적 리더의 행위인가의 문제이다. 이에 대하여, Northouse(2001: 303－306)는 그의 저서인 "지도성: 이론과 실제(Leadership: Theory And Practice)"에서 도덕적 행위는 결과를 중시하는 목적론과, 행위의 결과만이 아니라 그 행위가 선한 것이냐의 여부를 보는 의무론으로 나누어 제시하였다.

목적론(teleological theory)은 한 인간의 행위가 바람직한 결과를 발생하느냐 아니냐에 따라 옳고 그름을 정하는 것이다. 즉 "무엇이 옳은가"라는 질문에 대해 목적론에서는 그 결과를 보고 답하게 된다. 전적으로 행위의 결과에 의해 옳고 그름을 정하는 것이다. 이에 대한 준거는 우선, 한 개인이 자신에게 최선이 되는 것을 창출하기 위해 행동하는 도덕적 이기주의이다. 예를 들면, 어떤 회사나 종업원들이 최대의 이익 달성을 목적으로 의사결정을 내리는 경우에 해당된다. 승진을 열망하는 중간관리자가 자신의 팀이 그 회사에서 최고가 되길 바란다면 그의 행위는 도덕적 이기주의에서 나온 것이라고 말할 수 있다. 다음으로, 최대다수의 이익을 위한 공리주의이다. 예를 들면, 한 국가가 국가의 예산 중에서 일정 부분을 재해나 질병을 위해 배분하기보다, 건강예방을 위해 더 많은 사람들에게 그 예산을 배분한다면 국가의 예산은 최대다수의 시민을 위해 최선의 노력을 한 것이므로, 그것은 공리주의 시각에서 나온 것이다. 그 다음으로는, 어떤 행위의 일차적 목적이 타인의 최대이익을 위하여 행동한다는 이타주의이다. 이타주의는 공리주의와 유사한 행위로서, 리더는 자신의 개인적 이익에 반하더라도 타인의 이익을 위해 행동한다. 이에 대한 가장 좋은 예는 가난한 사람들을 위해 일생을 바친 테레사 수녀의 행적이라고 할 수 있다.

의무론(deontological theory)은 행동의 결과보다는 타인에게 행동을 할 때 정직하게 말하고, 약속을 지키고, 공정하고, 타인을 공경하는 등의 선한 행동을 해야 하는 의무와 책임이다. 그러므로 주어진 행위가 도덕적이냐 아니냐는 단지 행위의 결과만 아니라 그 행위 자체가 선한 것이냐, 선하지 않느냐의 여부에 달려있다. 따라서 의무론적 관점은 선한 행동을 해야 하는 도덕적 의무와 책임에 그 초점을 두고 있다. 예를 들면, 미국의 빌 클린턴 대통령이 백악관 여직원과 부적절한 관계를 맺은 사건에 대해 의회에서 진실을 말할 것을 선서하고서 허위진술을 한 경우에 많은 미국의 국민들은 대통령으로서의 진실을 말해야 하는 의무를 저버렸다고 믿는 사람들이 많았다. 의무론적 관점에서의 도덕적 지도자는 추종자들에게 선한 행동을 하는 사람이다. 그러므로 도덕적 지도자가 조직을 이끄는 힘은 그 무엇보다도 추종자들에게 행하는 선한 행동이다.

그러나 결과를 중요시하는 목적론은 인간이 목적을 위한 수단이 될 수 있다는 점과, 의무론은 인간을 목적시 한다는 점을 지적받을 수 있다. 사실 경영자가 느끼는 의무는 여러 가지가 있을 수 있으므로 이들 간에는 갈등이 생긴다. 그러므로 갈등을 해결할 수 있는 확실한 기준이 필요하다. 또한 의무론에서 말하는 예외 없이 지켜야 할 도덕적 의무와 책임이란 과연 무엇인가에 대해 확고한 근거가 부족하다. 조직 구성원 개개인의 가치관의 차이를 도덕적 의무와 책임이라는 추상적인 개념만으로 좁히기는 어렵다고 본다.

(2) 도덕적 리더십의 정의

현대사회에서는 지도자의 도덕성이 강조되면서 개인의 도덕성을 개념화하고 측정하고자 하는 노력을 하고 있다. Gaber(1984)의 윤리지수(EQ: Ethical Quotient)와 도덕지수(MQ: Moral Quotient)가 바로 그것이다.

이런 점에서, Greenfield(1999)는 조직에 있어서의 도덕적 리더십에 대한 실증적인 연구가 가능하고, 그것의 결과는 의미 있는 지식의 토대가 될 수 있다고 주장하였다. 그 이유는 많은 선행연구에서 나타난 리더들의 가치나 신념 등이 좋은 조직을 형성한다는 것을 반복적으로 주장하고 있으며, 리더의 비전(vision)과 가치를 중시하는 변혁적 리더십 연구의 대부분이 추종자들이 지각한 개념을 묻는 실증적인 연구이기 때문이라는 것이다. 이러한 점에서 리더의 도덕적 리더십의 개념을 정립하여 실증적으로 연구한 결과는 경영에 소중한 지침이 될 수 있을 것이다. 따라서 본서에서 도덕적 리더십에 대한 선행연구들을 세 가지의 차원, 즉 정의적 차원, 인지적 차원, 행위적 차원 등으로 나누어서 살펴보고, 그것을 근거로 도덕적 리더십 개념을 확립하고자 한다.

첫째, 정의적 차원에서는 도덕적 자질을 도덕적 리더십의 개념으로 보았다. 예를 들면, Calabrese(1986: 1)는 "윤리적 지도성은 공정성, 공평성, 헌신, 책임, 그리고 의무와 관계하며, 윤리적 지도자가 좋은 조직을 만들며 조직의 효과성을 높일 수 있다고 하였다. 명제창(1998: 93-94)은 "지도자의 도덕성과 추종자들의 자율성이란 이원적 구조를 통해 지도자는 스스로 '지도자들의 지도자'의 특성을, 추종자에게는 '자기 지도자'의 특성을 나타내도록 하는 지도성으로, 궁극적으로 효과적이고 도덕적인 조직을 만드는 것을 목적으로 하는 지도성"이라고 정의하면서, 리더의 특성으로 청렴성, 사명감, 공정성, 책임감 등을 제시하였다. 또한 김필녀(2003: 10)도 "도덕적 지도성이란 학교조직을 이끌어 가는 교장의 지도성으로, 학교장으로서 갖추어야 할 도덕적 품성인 청렴성, 사명감, 공정성, 책임감과 학교장으로서 지녀야 할 능력인 권한부여, 비전제시 등을 바탕으로 추종자의 존경과 신뢰를 획득하고, 나아가 교사의 능력을 계발하고, 교사들이 자율적으로 직무를 수행하도록 조장하여 효과적으로 학교가 운영되도록 하는 지도성을 말한다"라고 하였다.

도덕적 지도성 개념에 대한 정의적 차원은 조직을 효과적으로 운영하기 위해서는 리더가 어떤 자질을 가지고 있는 사람이어야 하는가, 즉 어떤 가치를 가지고 조직을 운영해 나갈 것인가의 문제를 다루고 있다. 그래서 주로, 리더의 선한 가치를 지향하는 태도, 정서 등을 강조한다. 그 내용은 지도자가 구성원으로부터 존경과 신뢰를 확보할 수 있는 공정성, 책임감, 사명감, 청렴성 등의 가치를 발휘해야 조직을 효과적으로 운영할 수 있다고 보았다. 따라서 조직의 리더는 먼저 자신의 권한을 이용하여 추종자들로 하여금 빠르게 변화하는 직무환경과 사회문화 속에서 상충되는 가치들을 잘 대응해 가도록 도움을 주는 자이며(Heifetz, 1994), 조직의 바람직한 가치관, 태도, 신념 등을 이끄는 사람이다(허병기, 1998). 요컨대, 정의적 차원에서의 도덕적 리더십은 리더가 도덕적 자질을 확보하여 구성원들로부터 신뢰와 존경을 받고, 조직에 바람직하고 이상적인 가치를 조성하고 개발하여 조직의 효과성을 극대화하는 리더십이라 할 수 있다.

둘째, 인지적 차원에서는 도덕적 추론을 도덕적 리더십의 개념으로 보았다. 이성에 의해 무엇이 도덕적으로 옳고 그른지를 판단하는 것이다. 즉 도덕적 리더십을 도덕적 추론의 과정으로 보는 것으로서 어떤 쟁점이 되는 문제에 대해 도덕적 논리성과 합리성을 확보하는 것이다. 예를 들면, Koklberg(1981)는 "윤리적 지도성은 도덕적 추론의 원칙에 의해 안내되고, 고취되며, 지시되는 지도성이다"라고 하였고, 박진숙(1999: 254)은 "윤리적 지도성은 명백한 가치들과 신념체계를 가지고 비전을 제시하며, 더 높은 수준의 도덕적 추론의 원칙에 의해 합리적인 결정을 내리고 책무와 용기를 가지고 헌신하는 지도성이다"라고 하였다. 따라서 인지적 차원에서의 도덕적 리더십은 리더가 합리적인 결정을 하기 위해 도덕적 추론에 따르는 이성적 리더십이라고 할 수 있다.

셋째, 행위적 차원에서는 도덕적 행위 자체를 도덕적 지도성의 개념으로 보았다. 즉 지도자가 어떤 행위를 해야만 조직의 권위를 확보하게 되어 조직의 효과성을 높일 수 있는가의 문제이다. 예를 들면, Hodgkinson(1978: 190)은 "윤리적 지도자는 사람에 대한 관계에서 가치 명제들에 대해 어떤 철학을 가지고 있을 것이다. 리더의 진실성은 자신의 일련의 가치관에 따라 봉사의 특성이 나타나고 추종자와의 관계도 이러한 가치관과 관계한다. 주로 민감한 관심, 관찰, 상호작용, 성찰 등을 통해서, 인간적이고 자비로운 친교를 통해서, 사람은 본질적으로 귀중한 자신의 내부의 목적으로 인식되어져야만 한다"고 하였다.

Greenleaf(1970, 1977)도 리더십은 본질적으로 남을 섬기려는 사람에게 부여되는 것이라고 주장하면서, 리더가 되는 방법은 첫째 봉사자가 되는 것이라고 하였다. 섬기는 리더는 부하들의 욕구에 관심을 기울이고 그들보다 더 지적이고 자유롭고 독립적이며 부하들 자신이 남을 섬기는 사람이 될 수 있도록 도와주어야 한다고 하였다.

Wilcox와 Ebbs(1993: 37)는 리더십이란 "본질적으로 남을 섬기려는 사람에게 부여되는 것이며, 지도자의 진실성은 자신의 일련의 가치관에 따라 봉사의 특성이 나타나고 추종자와도 이러한 가치관과 관계한다"고 하였다. 또, Cherrington과 Cherrington(2000)은 "도덕적 지도자의 특성은 정직으로 나타나고, 정직은 사회의 표준이 된다"고 하였다. 이러한 점에서 볼 때, 행위적 차원에서의 도덕적 리더십이란 추종자들에게 정직하게 대하고, 추종자들의 이익을 위하여 봉사하는 리더십이라 할 수 있다.

이와 같이, 종래의 선행 연구들은 도덕적 지도성이 발휘되는 양상에 따라 정의적 차원, 인지적 차원, 행위적 차원 등으로 구별될 수 있다. 그러나 도덕이 갖는 다양한 특성 때문에 도덕적 지도성 개념에 대한 시각은 종합적이고 다차원적인 관점에서 새롭게 정립되는 것이 필요하다고 본다. 그 이유는 첫째, 도덕도 한 사회가 가지는 다양한 가치의 문화나 관습이라는 점에서 교육되어지기 때문에 협의적 또는 미시적으로 해석하기보다는 거시적 또는 광의적 의미에서 포괄적인 해석을 하는 것이 필요하다. 또한 도덕교육의 방법은 인지적 측면으로만 국한되어질 수 없고, 정의적 측면과 행위적 측면이 모두 고려되어야(박병기 외, 1996) 하는 것처럼 도덕적 지도성도 종합적인 것이 되어야 한다.

둘째, Hodgkinson(1991)은 '가치 개념의 분석적 모형'에서 심리학적 대응으로써 가치는 정서적, 인지적, 능동적 특성을 가지며, 가치유형에서는 전합리적·합리적·초합리적 가치 등 다양한 가치를 포괄하는 특성을 가지고 있다고 주장하였다. 이와 같이, 가치가 다양한 특성을 가지고 있다는 점을 고려해 볼 때, 가치를 어느 한 측면에서 해석하기보다는 다양하고 종합적인 관점에서 보는 것이 타당하다고 본다. 즉 가치가 한 측면을 반영하는 것이 아닌, 사회의 다양한 문화를 포괄하는 다차원적인 것이 될 때 균형적인 것이 될 수 있다. 이러한 시각에서 도덕적 지도성의 개념은 다양한 시각을 통합하는 종합적·다차원적 관점에서 재정립하는 것이 필요할 것이다.

따라서 본서에서 도덕적 리더십이란 "리더가 높은 도덕적 자질을 소유하고, 도덕적 추론에 의해 합리적인 의사결정을 하며, 추종자들에게 정직하게 대하고 헌신적으로 봉사하여 조직을 효과적으로 이끄는 지도성"이라고 정의할 수 있다.

6) 카리스마적 리더십(Charismatic leadership)

카리스마는 보통 사람들과 달리, 특별한 비범과 능력과 재주를 가지고 조직을 이끌어 가는 힘이라고 할 수 있다. 베버는 카리스마를 리더가 발휘하는 비범한 특성에 대하여 추종자가 인식하는 리더의 영향력의 형태로 보는 것에서 시작되었다. 즉 카리스마적 리더십은 특별한 재주와 능력, 비전, 인간적 매력 등을 소유한 리더가 추종자들의 헌신적 복종과 충성을 이끌어 내는 리더십이다.

카리스마를 가진 리더는 어떤 과업이든 강력하게 추진할 수 있고 과업의 성패를 자신의 탓으로 돌리기 때문에 리더십 귀인이론의 하나로 본다. 또한 카리스마가 있는 리더는 추종자들의 정서적 표현을 잘 이해하고 경청하며, 열정, 설득력, 비전, 자신감, 추진력 등을 가지고 있다.

참고문헌

거름 편집부(1984). 지도자의 철학. 서울: 거름.

김필녀(2003). "초등교장의 도덕적 지도성과 교사의 활력화가 학교조직의 효과성에 미치는 영향." 국민대학교 대학원 박사학위논문.

김재덕(2003). 신약성서에 나타난 예수의 리더십에 관한 연구. **교육행정학 연구**, 21(4), 139-159.

김재덕(2007). 도덕적 지도성의 연구 동향. **한국교육학 연구**, 13(2), 209-228.

김종철(1985). **교육행정학 신강**. 서울: 세영사.

김창영(2008). **빅슬림 굿데이 성경**. 개역개정4판 · 새찬송가. 서울: 생명의말씀사.

명제창(1998). 학교 조직에서의 도덕적 지도성 측정에 관한 연구. 충남대학교 대학원 박사학위논문.

박병기 외(1996). 윤리학과 도덕. 학술총서 78. 경기도 고양시: 인간사랑.

박병기 · 추병완(1996). **윤리학과 도덕**. 학술총서 78. 경기도 고양시: 인간사랑.

박진숙(1999). 교장의 윤리적 지도성의 개발. 교육행정학 연구, 17(3), 251-274.

동아일보사(1987). **세계를 움직이는 100인: 그 인간과 행동철학**. 신동아별책부록(1월호).

신응섭 외(1999). **리더십의 이론과 실제**. 서울: 학지사.

안암교육행정연구회(2014). **학교중심의 교육행정 및 교육경영**. 서울: 박영사.

이한검(1994). **인간행동론**. 서울: 형설출판사.

이현화(1999). 학교장의 배려적 행정행위에 관한 연구. 고려대학교 석사학위논문.

정용섭 · 김성환 역(1999). **예수의 사상과 생애**. 서울: 대한기독교출판사.

정진환 · 박병진(2001). 학교장의 공직윤리에 관한 교원의 인식. **교육행정학 연구**, 19(4), 363-391.

조남두 외6(2006). **교육행정론**. 서울; 원미사.

조평호(1998). 학교장의 지도성, 의사결정의 질 결정요인 및 조직 효과성 간의 관계연구. 인하대학교 대학원 박사학위 논문.

직장인 편집부(1990). **최고 경영자들의 명언집**. 직장인 3월호 별책부록.

허병기(1998). 교육의 가치와 실천. 서울: 교육과학사.

인터넷 구글 홈페이지 http:// www.google.co.kr

Bass, Bernard M.(1985). Leadership: Good, better, best. *organizational dynamics* 8, No.3(winter).

Bennis, W., & B. Nanus.(1985). *Leaders: The strategies for taking charge*. N. Y.: Harper & Row.

Blake, Bobert R., & Mouton, James S.(1964). *The managerial grid. houston*. Texas: gulf publishing Co.

Boatman, S., & Adams, T. C.(1992). Ethical dimension of leadership. *Campus Activities Programming(Apirl)*.

Calabrese, Raymond L.(1986). Ethical leadership : Prerequisite for effec-tiveness school. *NASSP Bulletin*.

Cunningham, L. L.(1976). Educational leadership: The curious blend. *Educational Leadership*, Vol. 2.

Cherrington, J. Owen. and Cherrington, David Jack(2000). *Moral Leadership and Ethical Decision-Making*. Utah: CHC Forecast, Inc.

Donald A. Hagner.(1995). Word biblical commentary. Vol. 33(A. B). 채천석 역.(2000). **마태복음 주석(상, 하)**. 서울: 솔로몬.

Downs, Cal W.(1977). *Organizational communicator*. N. Y.: Harper & Row.

Foster William.(1986). *Paradigms and promises: New approach to educa-tional administration*. NY: Prometheus Book.

Gaber, D.(1984). *The Mature Society*. 김태창(역), 성숙사회, 서울: 도서출판 일념.

Greenfield Jr, William D.(1991). Rationale and methods to articulate ethics and administrator training. *Paper presented at the annual meeting of the American Educational Research Association*, Chicago: April.

Greenfield, Jr., W. D.(1999). *Moral Leadership in Schools: Fact or Fancy?* (*Paper presented at the Annual Meeting of the American Educational Research Association, Montreal, Quebec, Canada*, April 19－23).

Greenleaf, R. K.(1970). *The Servant as Leader.* Newton Center, MA: Robert K. Greenleaf Center.

Greenleaf, R. K.(1977). *Servant Leadership: A Journey into the Nature of Legitimate Power and Greatness.* N.Y.: Paulist.

Guelich, Robert A.(1995). Word biblical commentary. Vol. 34A. 김천역(역). 마가복음 주석(상). 서울: 솔로몬.

Halpin. A.(1966). *Theory and Research in Administration.* N. Y.: MacMillan.

Heifetz, R. A.(1994). *Leadership with Easy Answers.* Cambridge, MA: Harvard University Press.

Hemphill, J. K.(1949). *Situational factors in leadership.* Columbus, OH.:Ohio State University Press.

Henderson, James E.(1998). The key to leadership effectiveness－leader authenticity. *Paper prepared for the Annual national Conference on Creating the Quality School(7th, Arlington, VA, March 26－28).*

Hersey, P., & Blanchard, K. H.(1977). *Management of organizational behavior.* Englewood Cliffs, New Jersey: Prentice－Hall, Inc.

Hodgkinson, C.(1978). *Towards a Philosophy of Administration.* Oxford: Basil Blackwell.

Hodgkinson, C.(1991). Educational leadership: The moral art. N.Y.: State University of New York Press.

Hoy, W. K. & Miskel, C. G.(1987). *Educational administration: Theory, research, and practice.* 3rd ed. New York: Random House.

____________________(1991). *Educational administration: Theory, research, and practice.* 4th ed. New York: Random House.

____________________(1996). *Educational administration: Theory,*

research, and practice. 5th ed. New York: Random House.
Kmetz, John T., & Willower. Donald J.(1982). Elementary school principals work behavior, *Educational Administration Quarterly*, 18.
Kohlberg, L.(1976). *The philosophy moral development*, Vol. 1, New York: Harper row.
Kouzes, James M., & Posner, Barry Z.(1995). *The leadership challenge: How to keep getting extraordinary things done in organizations*, San Francisco: Jossey-Bass.
Lashway Larry.(1996). Ethical leadership in School leadership-handbook for excellence. Stuart C. Smith & Phillip K. Piele(ed), ERIC Clearing-house on Educational Management. University of Oregon.
Lewin, K., Lippitt, R., & White, R. K.(1939). Patterns of aggressive behav-ior in experimentally created social climate. *Journal of Social Psychology*, Vol. 10.
Likert, Rensis.(1961). *New patterns of management*. N.Y.: McGraw-Hill.
Limpham, James.(1964). Leadership and administration. in Daniel E. Griffiths(ed.). *Behavioral science and educational administration*. Chicago, IL.: University of Chicago Press.
Mann, R. D.(1959). A review of the relationships between personality and performance. *Psychological Bulletin*, Vol.56, 241-270.
Manz., Charles C.(1998). *Leadership wisdom of Jesus: Practical lessons for today*. San Francisco: Berrett-Koehler Publishers, Inc.
Marshall, C. et al.(1996). Caring as a career: An Alternative perspective for educational administration. *Educational Administration Quarterly*, 32(2).
Mondy, R. W.(1990). *Management and organizational behavior*. Boston, MA: AllYn & Bacon.
NIV 한영해설찬송가 위원회(2003). 한영해설찬송가. 서울: 아가페.
Noddings, Nel.(1992). *The challenge to care in schools: An alternative approach to education*. New York: Teachers College Press.

Northouse, Peter G.(2001). *Leadership: Theory and practice.* Sage Publi-cations, Inc.

Owens, Robert G.(1981). *Organizational behavior in education.* 2nd ed. Englewood Cliffs. New Jersey: Prentice-Hall Inc.

Pitner, N., & Ogawa, R. T.(1981). Organizational leadership: The case of the superintendent. *Eduactional Administration Quarterly*, 17.

Sergiovanni, Thomas Jr.(1992). *Moral leadership: Getting to the heart of school improvement.* San Francisco: Jossey-Bass publishers.

Stogdill, Ralph M.(1948). Personal factors associated with leadership: A survey of literature. *Journal of Psychology*, vol. 25, 35-71.

Tannenbaum, Robert., & Schmit, W. H.(1957). How to choose a leadership pattern. *Harvard Business Review*, pp. 95-101.

Tichy, N. M., & Urlich, D. O.(1984). A call for the transformational leader. *Sloon Management Review*, 26.

Tichy, N. M., & Devanna, M.(1996). *The transformational leader.* N.Y.: John-Wiley & Sons.

Vroom, V. H.(1976). Leadership. in M. D. Durnnette(ed.). *Handbook of In 여strial and organizational psychology*. chicago, IL: Rand Mcnally.

Wilcox, J. R., & Ebbs, S. L.(1993). *Ethical leadership: Successfully com-municating institutional values.* Nacubo Business Officer(March), 37-39.

찾아보기

저자약력

김재덕(金載德)

저자는 호주 시드니 맥쿼리 대학교(Macquarie University)에서 교육학 석사 학위(교육행정)와 고려대학교 교육학 박사학위(교육행정)를 취득했으며, 현재는 고려대학교 교육문제연구소에 연구교수로서 학생들을 가르치며 연구하고 있다. 주요 저서로 교육행정학(문음사), 교육행정 및 교육경영(박영사), 예비교사를 위한 최신 교직실무(교육과학사) 등이 있고, 주요 논문으로는 <신약성서에 나타난 예수의 리더십에 관한 연구>, <학교상황에 따라 학교장의 도덕적 지도성이 학교조직 효과성에 미치는 영향>, <도덕적 지도성의 연구 동향> 등이 있다.

E-mail: j77220@naver.com

지도성 관점에서 본
예수의 리더십

초판발행 2017년 9월 25일

지은이 김재덕
펴낸이 안상준

편 집 김선민
기획/마케팅 이선경
표지디자인 권효진
제 작 우인도·고철민

펴낸곳 ㈜ 피와이메이트
서울특별시 마포구 월드컵북로 400, 5층 2호(상암동, 문화콘텐츠센터)
등록 2014. 2. 12. 제2015-000165호
전 화 02)733-6771
f a x 02)736-4818
e-mail pys@pybook.co.kr
homepage www.pybook.co.kr
ISBN 979-11-88040-39-1 93370